目 录

1

战国子家叙论

一　论哲学乃语言之副产品　西洋哲学即印度日耳曼语言之副产品　汉语实非哲学的语言　战国诸子亦非哲学家

　　世界上古往今来最以哲学著名者有三个民族：一、印度之亚利安人；二、希腊；三、德意志。这三个民族有一个共同点，就是在他的文化忽然极高的时候，他的语言还不失印度日耳曼系语言之早年的烦琐形质。思想既以文化提高了，而语言之原形犹在，语言又是和思想分不开的，于是乎繁丰的抽象思想，不知不觉的受他的语言之支配，而一经自己感觉到这一层，遂为若干特殊语言的形质作玄学的解释了。以前有人以为亚利安人是开辟印度文明的，希腊人是开辟地中海北岸文明的，这完全是大错而特错。亚利安人走到印度时，他的文化，比土著半黑色的人低，他吸收了土著的文明而更增高若干级。希腊人在欧洲东南也是这样，即地中海北岸赛米提各族人留居地也比希腊文明古得多多，野蛮人一旦进于文化，思想扩张了，而语言犹昔，于是乎凭藉他们语言的特别质而出之思想当做妙道玄理了。今试读汉语翻译之佛典，自求会悟，有些语句简直莫名其妙，然而一旦做些梵文的工夫，可以化艰深为平易，化牵强为自然，岂不是那样的思想很受那样的语言支配吗？希腊语言之支配哲学，前人已多论列，现在姑举一例。亚里斯多德所谓十个范畴者，后人对之有无穷的疏论，然这都是希腊语法上的问题，希腊语正供给我们这么些观念，离希腊语而谈范畴，则范畴断不能是这样子了。其余如柏拉图的辩论、亚里斯多德的分析，所谓哲学，都是一往弥深的希腊话。且少谈古代的例，但论近代。德意志民族中出来最有声闻的哲人是康德，此君最有声闻的书是《纯理评论》。这部书所谈的不是一往弥深的德国话吗？这部书有法子翻译吗？英文中译本有二：一、出马克斯谬勒手，他是大语言学家；二、出麦克尔江，那是很信实的翻译。然而他们的翻译都有时而穷，遇到好些名词须以不译了之。而专治康德学者，还要谆谆劝人翻译不可用，只有原文才信实，异国杂学的注释不可取，只有本国语言之标准义疏始可信。哲学应是逻辑的思想，逻辑的思想应是不局促于某一种语言的，应是和算学一样的容易翻译，或者说不待翻译，然而适得其反，完全不能翻译。则这些哲学受他们所由产生之语言之支配，又有什么疑惑呢？即如 Ding an Sich 一词，汉语固不能译他，即英文译了亦不像，然在德文中，则 an Sich 本是常语，故此名词初不奇怪。又如最通常的动词，如 Sein 及 werden，及与这一类的希腊字曾经在哲学上作了多少祟，习玄论者所共见。又如戴卡氏之妙语"Cogito ergo Sum"，翻译成英语已不像话，翻成汉语更做不到。算学思想，则虽以中华与欧洲语言之大异，而能涣然转译；哲学思想，则虽以英德语言之不过方言差别，而不能翻译。则哲学之为语言的副产物，似乎不待繁证即可明白了。印度日耳曼族语之特别形质，例如主受之分、因致之别、过去及未来、已完及不满、质之于量、体之于抽，以及各种把动词变做名词的方式，不特略习梵文或希腊文方知道，便是略习德语也就感觉到这麻烦。这些麻烦便是看来"仿佛很严重"的哲学分析之母。

汉语在逻辑的意义上，是世界上最进化的语言（参看叶斯波森著各书），失掉了一切语法上的烦难，而以句叙（Syntax）求接近逻辑的要求，并且是一个实事求是的语言，不富于抽象的名词，而抽象的观念，凡有实在可指者，也能设法表达出来。文法上既没有那么多的无意识，名词上又没有那么多的玄虚，则哲学断难在这个凭藉发生，是很自然的了。

"斐洛苏非"，译言爱智之义，试以西洋所谓爱智之学中包有各问题与战国秦汉诸子比，乃至下及魏晋名家、宋明理学比，像苏格拉底那样的爱智论，诸子以及宋明理学是有的；像柏拉图所举的问题，中土至多不过有一部分，或不及半，像亚里斯多德那样竟全没有；像近代的学院哲学自戴卡以至康德各宗门，一个动词分析到微茫，一个名词之语尾变化牵成溥论（如 Cangality 观念之受 Instrumental 或 Ablative 字位观念而生者），在中土更毫无影响了。拿诸子名家理学各题目与希腊和西洋近代哲学各题目比，不相干者如彼之多，相干者如此之少，则知汉土思想中原无严意的斐洛苏非一科，"中国哲学"一个名词本是日本人的贱制品，明季译拉丁文之高贤不曾有此，后来直到严几道、马相伯先生兄弟亦不曾有此，我们为求认识世事之真，能不排斥这个日本贱货吗？

那末，周秦汉诸子是些什么？答曰：他们是些方术家。自《庄子·天下》篇至《淮南鸿烈》，枚乘《七发》皆如此称，这是他们自己称自己的名词，犹之乎西洋之爱智者自己称自己为斐洛苏非。这是括称，若分言，则战国子家约有三类人：

（一）宗教家及独行之士；

（二）政治论者；

（三）"清客"式之辩士。

例如墨家大体上属于第一类的，儒者是介于一二之间的，管、晏、申、韩、商、老是属于第二类的，其他如惠施、庄周、邹衍、慎到、公孙龙等是侯王、朝廷、公子、卿大夫家所蓄养之清客，作为辩谈以悦其"府主"的。这正合于十七八世纪西欧洲的样子，一切著文之人，靠朝廷风尚，贵族栽培的，也又有些大放其理想之论于民间的。这些物事，在西洋皆不能算做严格意义下之哲学，为什么我们反去藉来一个不相干的名词，加在些不相干的古代中国人们身上呀？

二　论战国诸子除墨子外皆出于职业

《七略》汉志有九流十家皆出于王官之说。其说曰：儒家者流，盖出于司徒之官；道家者流，盖出于史官；阴阳家者流，盖出于羲和之官；法家者流，盖出于理官；名家者流，盖出于礼官；墨家者流，盖出于清庙之守；纵横家者流，盖出于行人之官；杂家者流，盖出于议官；农家者流，盖出于农稷之官；小说家者流，盖出于稗官。胡适之先生驳之，说见所著《中国古代哲学史·附录》。其论甚公直，而或者不尽揣得其情。谓之公直者，出于王官之说实不可通，谓之不尽揣得其情者，盖诸子之出实有一个物质的凭藉，以为此物质的凭藉即是王官者误，若忽略此凭藉，亦不能贯彻也。百家之说皆由于才智之士在一个特殊的地域当一个特殊的时代凭藉一种特殊的职业而生。现在先列为一表，然后择要疏之。

家名	地域	时代	职业	附记
孔丘	鲁其说或有源于宋者	春秋末	教人	
卜商	由鲁至魏	春秋战国间	教人	
曾参	鲁	春秋战国间	教人	
言偃	吴	春秋战国间	教人	
孔伋	由鲁至宋	春秋战国间	教人亦曾在宦	
颛孙师	陈	春秋战国间	教人	
漆雕开	今本《家语》云蔡人	春秋战国间		近于侠
孟轲	邹鲁游于齐梁	战国中期	教人亦为诸侯客	近于游谈
荀卿	赵	战国末期	教人	
				以上儒宗
墨翟	宋或由鲁反动而出	春秋战国间	以墨子书中情形断之，则亦业教人之业者。	
禽滑釐	曾学于魏仕于宋	战国初期		
孟胜	仕于荆	战国初期	墨者巨子，为阳城君守而死。	
田襄	宋	战国初期	墨者巨子	
腹䵍	居秦	战国中期	墨者巨子	

田俅	齐	战国中期	
相里勤	南方		
相夫氏	南方		
邓陵子	南方		
苦获	南方		
己齿	南方		
			以上墨宗
宋钘	或是宋人，然作为华山之冠，必游于秦矣。	战国中期	游说止兵
尹文			
			以上近墨者
史鳛卫		春秋末	太史
陈仲齐		战国中期	独行之士
许行楚		战国中期	独行之士
			以上独行之士
管仲	齐	管仲春秋中季人，然托之著书者，至早在战国初。	齐相
晏婴	齐	晏婴春秋末人，然托之者，至早在战国初。	齐相

9

老聃即太史儋	周	战国初	太史	
关喜或太史儋同时人	周	战国初	关尹	
商鞅	卫韩秦	战国初,然托之著书,至早在战国中。	秦相	
申不害	韩	战国初	韩相	
韩非	韩	战国末	韩国疏族	
				以上政论
苏秦	周人而仕六国	战国中期	六国相	苏秦、张仪书皆为纵横学者所托。
张仪	魏人而仕秦	战国中	秦相	
				以上纵横之士
魏牟	魏	战国中	魏卿	
庄周	宋	战国中	诸侯,客或亦独行之士。	
惠施	仕魏	战国中	魏卿	
公孙龙	赵	战国中	诸侯客	
邓析	郑	春秋末		
彭蒙	齐			
邹忌	齐	战国初	齐卿	

邹衍	齐	战国中	诸侯客
淳于髡	齐	战国中	齐稷下客
慎到	赵	战国中	齐稷下客
田骈	齐	战国中	齐稷下客
接子	齐	战国中	齐稷下客
环渊	楚	战国中	齐稷下客

以上以言说侈谈于诸侯朝廷，若后世所谓"清客"者。

附　记

一、列子虽存书，然伪作，其人不可考，故不录入。

二、一切为东汉后人所伪托之子家不录入。

三、《吕氏春秋》之众多作者皆不可考，且是类书之体，非一家之言，故不列入。

就上表看，虽不全不尽，然地方、时代、职业三事之与流派有相关系处，已颇明显，现在更分论之。

一、所谓儒者乃起于鲁流行于各地之"教书匠"。儒者以孔子为准，而孔子之为"教书匠"在《论语》中甚明显。

子曰：学而时习之，不亦说乎？

子曰：弟子，入则孝，出则弟，谨而信，泛爱众，而亲仁。行有余力，则以学文。

子谓子夏曰：女为君子儒，无为小人儒。

子曰：默而识之，学而不厌，诲人不倦，何有于我哉？

子曰：德之不修，学之不讲，闻义不能徙，不善不能改，是吾忧也。

子曰：志于道，据于德，依于仁，游于艺。

子曰：自行束脩以上，吾未尝无诲焉。

子曰：不愤不启，不悱不发，举一隅不以三隅反，则不复也。

子曰：兴于《诗》，立于礼，成于乐。

子疾病，子路使门人为臣。病间，曰：久矣哉，由之行诈也！无臣而为有臣，吾谁欺？欺天乎？

子曰：小子何莫学夫《诗》？《诗》，可以兴，可以观，可以群，可以怨；迩之事父，远之事君，多识于鸟兽草木之名。

子路使子羔为费宰，子曰：贼夫人之子！子路曰：有民人焉，有社稷焉，何必读书，然后为学？子曰：是故恶夫佞者。

上文不过举几个例，其实一部《论语》三分之二是教学生如何治学，如何修身，如何从政的。孔子诚然不是一个启蒙先生，但他既不是大夫，又不是众民，开门授徒，东西南北，总要有一个生业。不为匏瓜，则只有学生的束脩；季孟、齐景、卫灵之"秋风"，是他可资以免于"系而不食"者。不特孔子如此，即他的门弟子，除去那些做了官的以外，也有很多这样。《史记·儒林传叙》："自孔子卒后，七十子之徒，散游诸侯，大者为师傅卿相，小者友教士大夫，或隐而不见。故子路居卫，子张居陈，澹台子羽居楚，子夏居西河，子贡终于齐。如田子方、段干木、吴起、禽滑釐之属，皆受业于子夏之伦，为王者师。"这样进则仕、退则教的生活，既是儒者职业之所托，又是孔子成大名之所由。盖一群门弟子到处教人，即无异于到处宣传。儒者之仕宦实不达，在魏文侯以外没有听说大得意过，然而教书的成绩却极大。《诗》《书》《礼》《乐》《春秋》本非儒者之专有物，而以他们到处教人的缘故，弄成孔子删述六经啦。

　　二、墨为儒者之反动，其一部分之职业与儒者同，其另一部分则各有其职业。按，墨为儒者之反动一说，待后详论之。墨与儒者同类而异宗，也在那里上说世主，下授门徒。但墨家是比儒者更有组织的，而又能吸收士大夫以下之平民。既是一种宗教的组织，则应有以墨为业者，而一般信徒各从其业。故儒、纵横、刑、名、兵、法皆以职业名，墨家独以人名。

三、纵横刑法皆是一种职业，正所谓不辨自明者。

四、史官之职，可成就些多识前言往行，深明世故精微之人。一因当时高文典册多在官府，业史官者可以看到；二因他们为朝廷作记录，很可了澈些世事。所以把世故人情看得最深刻的老聃出于史官，本是一件自然的事。

五、若一切不同的政论者，大多数是学治者之言，因其国别而异趋向。在上列的表内管、晏、关、老、申、商、韩非之列中，管、晏、商君都不会自己做书的，即申不害也未必能自己著书，这都是其国后学从事于学政治者所托的。至于刑名之学，出于三晋周郑官术，更是一种职业的学问，尤不待说了。

六、所有一切名家辩士，虽然有些曾做到了卿相的，但大都是些诸侯所养的宾客，看重了便是大宾，看轻了便同于"优倡所蓄"。这是一群大闲人，专以口辩博生活的。有这样的职业，才成就这些辩士的创作。魏齐之廷，此风尤盛。

综括前论，无论有组织的儒墨显学，或一切自成一家的方术论者，其思想之趋向多由其职业之支配。其成家之号，除墨者之称外，如纵横名法等等，皆与其职业有不少关联。今略变汉志出于王官之语，或即觉其可通。若九流之分，本西汉中年现象，不可以论战国子家，是可以不待说而明白的。

流别	《七略》所释今	释
儒家者流	出于司徒之官	出于"教书匠"。
道家者流	出于史官	有出于史官者,有全不相干者。"汉世"道家本不是单元。按道家一词,入汉始闻。
阴阳家者流	出于羲和之官	出于业文史星历卜祝者。
法家者流	出于理官	法家非单元,出于齐晋秦等地之学政习法典刑者。
名家者流	出于礼官	出于诸侯朝廷中供人欣赏之辩士。
墨家者流	出于清庙之守	出于向儒者之反动,是宗教的组织。
纵横家者流	出于行人之官	出于游说形势者。
杂家者流	出于议官	"杂"固不成家,然汉世淮南东方却成此一格,其源出于诸侯朝廷广置方术殊别之士,采者不专主一家,遂成杂家矣。
小说家者流	出于稗官	出于以说故事为职业之诸侯客。以上所谓"名""杂""小说"三事,简直言之,皆出于所谓"清客"。

故《七略》《汉志》此说,其辞虽非,其意则似无谓而有谓。

三 论止有儒墨为有组织之宗派，其余虽多同声相应、同气相求者，然大体是自成一家之言

　　诸子百家中，墨之组织为最严整，有巨子以传道统，如加特力法皇达喇喇嘛然。又制为一切墨者之法而自奉之，且有死刑。(《吕氏春秋·去私》篇，腹䵍为墨者巨子，居秦，其子杀人。秦惠王曰："先生之年长矣，非有他子也。寡人已令吏弗诛矣，先生之以听寡人也。"腹䵍对曰："墨者之法，杀人者死，伤人者刑，此所以禁杀伤人也。"云云。) 此断非以个人为单位之思想家，实是一种宗教的组织自成一种民间的建置，如所谓"早年基督教"者是。所以墨家的宗旨，一条一条固定的，是一个系统的宗教思想（尚贤、尚同、兼爱、非攻、节用、节葬、天志、明鬼、非乐）。又建设一个模范的神道（三过家门而不入之禹），作为一切墨家的制度。虽然后来的墨者分为三（或不止三），而南方之墨者相谓别墨，到底不至于如儒墨以外之方术家，人人自成一家。孟子谓杨墨之言盈天下，墨为有组织之宗教，杨乃一个人的思想家，

16

此言应云，如杨朱一流人者盈天下，而墨翟之徒亦盈天下。盖天下之自私自利者极多，而为人者少，故杨朱不必作宣传，而天下滔滔皆杨朱，墨宗则非宣传不可。所以墨子之为显学，历称于孟、庄、荀、卫、吕、刘、司马父子，《七略》《汉志》，而杨朱则只孟子攻之，《天下》篇所不记，《非十二子》所不及，《五蠹》《显学》所不括，《吕览》《淮南》所不称，六家、九流所不列。这正因为"纵情性、安恣睢、禽兽行"之它嚣魏牟固杨朱也。庄子之人生观，亦杨朱也，所以儒墨俱为传统之学，而杨朱虽号为言盈天下，其人犹在若有若无之间。至于其他儒墨以外各家，大别可分为四类。

一、独行之士　此固人自为说，不成有组织的社会者，如陈仲、史鳅等。

二、个体的思想家　此如太史儋之著五千言，并非有组织的学派（但黄老之学至汉初年变为有组织之学派）。

三、各地治"治术"　一种科学者　此如出于齐之管仲晏子书，出于三晋之李悝书，出于秦之商子书，出于韩之申子书及自己著书之韩公子非。这都是当年谈论政治的"科学"。

四、诸侯朝廷之"清客"论　所谓一切辩士，有些辩了并不要实行的，有些所辩并与行事毫不相干的（如"白马非马"），有些全是文士。这都是供诸侯王之精神上之娱乐者。梁孝王朝武帝朝犹保存这个战国风气。

四 论春秋战国之际为什么诸家并兴

在回答这个问题之前，我们先要问诸子并兴是不是起于春秋战国之际？近代经学家对于中国古代文化的观念大别有两类：一类以为孔子有绝大的创作力，以前朴陋得很。江永、孔广森和好些今文学家都颇这样讲；而极端例是康有为，几乎以为孔子以前的东西都是孔子想像的话，诸子之说，皆创于晚周。一类以为至少西周的文化已经极高，孔子不过述而不作，周公原是大圣，诸子之说皆有很长的渊源，戴震等乾嘉间大师每如此想，而在后来代表这一说之极端者为章炳麟。假如我们不是在那里争今古文的门户，理当感觉到事情不能如此简单。九流出于王官，晚周文明只等于周公制作之散失之一说，虽绝对不可通，然若西周春秋时代文化不高，孔老战国诸子更无从凭藉以生其思想。我们现在关于西周的事知道的太多了，直接的材料只有若干金文，间接的材料只有《诗》《书》两部和些不相干的零碎，所以若想断定西周时的文化有几多高，在物质的方面还可盼望后来的考古学有大成功，在社会人文方面恐怕竟要绝望于天地之间了。但西周晚年以及春秋全世，若不是有很高的人文、很细的社会组织、很奢侈的朝廷、很繁丰的训典，则直接春秋时代而生之诸子学说，如《论语》中之"人情"，《老子》中之"世故"，墨子之向衰败的文化奋抗，庄子之把人间世看作无可奈何，皆若无所附丽。在春秋战国间书中，无论是述说朝士典言的《国语》(《左传》在内)，或是记载个人思想的《论语》，或是把深刻的观察合着沉郁的感情的《老子》五千言，都只能生在一个长久发达的文化之后，周密繁丰的人文之中。且以希腊为喻，希腊固是一个新民族，在他的盛时一切思想家并起，仿佛像是前无古人者。然近代东方学发达之后，希腊人文承受于东方及埃及之事件愈现愈多，其非无因而光大，在现在已全无可疑。东周时中国之四邻无可向之藉文化者，则其先必有长期的背景，以酝酿这个东周的人文，更不能否认。只是我们现在所见的材料，不够供给我们知道这个背景的详细的就是了。然而以不知为不有，是谈史学者极大的罪恶。

《论语》有"述而不作"的话，《庄子》称述各家皆冠以"古之道述有在于是者"。这些话虽不可固信，然西周春秋总有些能为善言嘉训，如史佚、周任，历为后人所称道者。

既把前一题疏答了，我们试猜春秋战国间何以诸子并起之原因。既已书缺简脱，则一切想像，无非求其为合理之设定而已。

一、春秋战国间书写的工具大有进步。在春秋时，只政府有力作文书者，到战国初年，民间学者也可著书了。西周至东周初年文籍现在可见者，皆是官书。《周书》《雅》《颂》不必说，即如《国风》及《小雅》若干篇，性质全是民间者，其著于简篇当在春秋之世。《国语》乃由各国材料拼合而成于魏文侯朝，仍是官家培植之著作，私人无此力量。《论语》虽全是私家记录，但所记不过一事之细，一论之目，稍经辗转，即不可明了。礼之宁俭，丧宁戚，或至以为非君子之言，必当时著书还甚受物质的限制，否则著书不应简括到专生误会的地步。然而一到战国中期，一切丰长的文辞都出来了，孟子的长篇大论、邹衍的终始五德、庄子的危言日出、惠施的方术五车，若不是当时学者的富力变大，即是当时的书具变廉，或者兼之。这一层是战国子家记言著书之必要的物质凭藉。

二、封建时代的统一固然不能统一得像郡县时代的统一，然若王朝能成文化的中心，礼俗不失其支配的势力，总能有一个正统的支配力，总不至于异说纷纭。周之本土既丧于戎，周之南国又亡于楚，一人春秋，周室只是亡国。所谓"尊天子"者，只是诸侯并争不得其解决之遁词，外族交逼不得不团结之口号。宋以亡国之余，在齐桓晋文间竟恢复其民族主义（见《商颂》），若《鲁颂》之鲁，也是俨然以正统自居的。二等的国家已这样，若在齐楚之富、秦晋之强，其"内其国而外诸夏"，更不消说。政治无主，传统不能支配，加上世变之纷繁，其必至于磨擦出好些思想来，本是自然的。思想本是由于精神的不安定而生，"天下恶乎定？曰，定于一"。思想恶乎生？曰，生于不一。

三、春秋之世，保持传统文化的中原国家大乱特乱，四边几个得势的国家却能大启土宇。齐尽东海，晋灭诸狄，燕有辽东，以鲁之不强也还在那里开淮泗，至于秦楚吴越之本是外国，不过受了中国文化，更不必说了。这个大开拓、大兼并的结果，第一，增加了全民的富力，蕃殖了全民的生产。第二，社会中的情形无论在经济上或文化上都出来了好些新方面，更使得各国自新其新，各人自是其是。第三，春秋时代部落之独立，经过这样大的扩充及大兼并不能保持了，渐由一切互谓蛮夷、互谓戎狄的，混合成一个难得分别"此疆尔界"的文化，绝富于前代者。这自然是出产各种思想的肥土田。

四、因上一项所叙之扩充而国家社会的组织有变迁。部落式的封建国家进而为军戎大国，则刑名之论当然产生。国家益大，诸侯益侈，好文好辩之侯王，如枚乘《七发》中对越之太子，自可"开第康庄，修大夫之列"，以养那些食饱饭、没事干、专御人以口给的。于是惠施、公孙龙一派人可得养身而托命。且社会既大变，因社会之大变而生之深刻观察可得丰衍，如《老子》。随社会之大变而造之系统伦理，乃得流行，如墨家。大变大紊乱时，出产大思想大创作，因

21

为平时看得不远，乱时刺得真深。

综括上四项：第一，著书之物质的凭藉增高了，古来文书仕官，学不下庶人，到战国不然了。第二，传统的宗主丧失了。第三，因扩充及混合，使得社会文化的方面多了。第四，因社会组织的改变，新思想的要求乃不可止了。历传的文献只足为资，不能复为师，社会的文华既可以为用，复可以为戒。纷纭扰乱，而生磨擦之力；方面复繁，而促深澈之观。方土之初交通，民族之初混合，人民经济之初向另一面拓张，国家社会根本组织之初变动，皆形成一种新的压力，这压力便是逼出战国诸子来的。

五 论儒为诸子之前驱，亦为诸子之后殿

按，儒为诸子中之最前者，孔子时代尚未至于百家并鸣，可于《论语》《左传》《国语》各书得之。虽《论语》所记的偏于方域，《国语》所记的不及思想，但在孔丘的时代果然诸子已大盛者，孔丘当不至于无所论列。孔丘以前之儒，我们固完全不曾听说是些什么东西，而墨起于孔后，更不成一个问题。其余诸子之名中，管、晏两人之名在前，但著书皆是战国时人所托，前人论之已多。著书五千言之老子乃太史儋，汪容甫、毕秋帆两人论之已长，此外皆战国人。则儒家之兴，实为诸子之前驱，是一件显然的事实。孔子为何如人，现在因为关于孔子的真材料太少了，全不能论定。但《论语》所记他仍是春秋时人的风气，思想全是些对世间务的思想，全不是战国诸子的放言高论。即以孟、荀和他比，孟子之道统观、论性说，荀子之治本论、正儒说，都已是系统的思想，而孔丘乃是"毋意""毋必""毋固""毋我"的"学愿"。所以孔丘虽以其"教"教出好些学生来，散布到四方，各自去教，而开诸子的风气，自己仍是一个春秋时代的殿军而已。

儒者最先出,历对大敌三:一、墨家,二、黄老,三、阴阳。儒墨之战在战国极剧烈,这层可于孟、墨、韩、吕诸子中看出。儒家黄老之战在汉初年极剧烈,这层《史记》有记载。汉代儒家的齐学本是杂阴阳的,汉武帝时代的儒学已是大部分糅合阴阳,如董仲舒,以后纬书出来,符命图谶出来,更向阴阳同化。所以从武帝到光武虽然号称儒学正统,不过是一个名目,骨子里头是阴阳家已篡了儒家的正统。直到东汉,儒学才渐渐向阴阳求解放。

儒墨之战、儒道之战,儒均战胜。儒与阴阳之战(此是相化非争斗之战),儒虽几乎为阴阳所吞,最后仍能超脱出来。战国一切子家一律衰息之后,儒者独为正统,这全不是偶然,实是自然选择之结果。儒家的思想及制度中,保存部落时代的宗法社会性最多,中国的社会虽在战国大大的动荡了一下子,但始终没有完全进化到军国,宗法制度仍旧是支配社会伦理的。所以黄老之道、申韩之术,可为治之用,不可为社会伦理所从出。这是最重要的一层理由。战国时代因世家之废而尚贤之说长,诸子之言兴,然代起者仍是士人一个阶级,并不是真正的平民。儒者之术恰是适应这个阶级之身份、虚荣心及一切性品的。所以墨家到底不能挟民众之力以胜儒,而儒者却可挟王侯之力以胜墨,这也是一层理由。天下有许多东西,因不才而可绵延性命。战国之穷年大战、诸侯亡秦、楚汉战争,都是专去淘汰民族中最精良、最勇敢、最才智的分子的。所以中国人经三百年的大战而后，已经"锉其锐，解其纷，和其光，同其尘"了。淘汰剩下的平凡庸众最多，于是儒家比上不足、比下有余的稳当道路成王道了。儒家之独成"适者的生存"和战国之究竟不能全量的变古，实在是一件事。假如楚于城濮之战灭中原而开四代（夏、商、周、楚），匈奴于景武之际吞区夏而建新族，黄河流域的人文历史应该更有趣些，儒家也就不会成正统了。又假如战国之世，中国文化到了楚吴百越而更广大，新民族负荷了旧文化而更进一步，儒者也就不会更延绵了。新族不兴，旧宪不灭，宗法不亡，儒家长在。中国的历史，长则长矣；人民，众则众矣。致此之由，中庸之道不无小补，然而果能光荣快乐乎哉？

六　论战国诸子之地方性

　　凡一个文明国家统一久了以后，要渐渐的变成只剩了一个最高的文化中心点，不管这个国家多么大。若是一个大国家中最高的文化中心点不止一个时，便要有一个特别的原因，也许是由于政治的中心点和经济的中心点不在一处，例如明清两代之吴会，也许是由于原旧国家的关系，例如罗马帝国之有亚历山大城，胡元帝国之有杭州。但就通例说，统一的大国只应有一个最高的文化中心点的。所以虽以西汉关东之富，吴梁灭后，竟不复闻类于吴苑梁朝者。虽以唐代长江流域之文华，隋炀一度之后，不闻风流文物更炽于汉皋吴会。统一大国虽有极多便宜，然也有这个大不便宜。五季十国之乱，真是中国历史上最不幸的一个时期了，不过也只有在五季十国那个局面中，南唐西蜀乃至闽地之微，都要和僭乱的中朝争文明的正统。这还就单元的国家说，若在民族的成分颇不相同的一个广漠文明区域之内，长期的统一之后，每至消磨了各地方的特性，而减少了全部文明之富度，限制了各地各从其性之特殊发

26

展。若当将混而未融之时，已通而犹有大别之间，应该特别发挥出些异样的文华来。近代欧洲正是这么一个例，或者春秋战国中也是这样子具体而微型罢？

战国诸子之有地方性，《论语》《孟子》《庄子》均给我们一点半点的记载，若《淮南·要略》所论乃独详。近人有以南北混分诸子者，其说极不可通。盖春秋时所谓"南"者，在文化史的意义上与楚全不相同（详拙论《南国》），而中原诸国与其以南北分，毋宁以东西分，虽不中，犹差近。在永嘉丧乱之前，中国固只有东西之争，无南北之争（晋楚之争而不决为一例外）。所以现在论到诸子之地方性，但以国别为限不以南北西东等泛词为别。

齐燕附 战国时人一个成见，或者这个成见正是很对，即是谈到荒诞不经之人，每说他是齐人。《孟子》："此齐东野人之语也。"《庄子》："齐谐者，志怪者也。"《史记》所记邹衍等，皆其例。春秋战国时，齐在诸侯中以地之大小比起来，算最富的（至两汉尚如此），临淄一邑的情景，假如苏秦的话不虚，竟是一个近代大都会的样子。地方又近海，或以海道交通而接触些异人异地，并且从早年便成了一个大国，不像邹鲁那样的寒酸。姜田两代颇出些礼贤下士的侯王。且所谓东夷者，很多是些有长久传说的古国，或者济河岱宗以东，竟是一个很大的文明区域。又是民族迁徙自西向东最后一个层次（以上各节均详别论）。那么，齐国自能发达他的特殊文化，而成到了太史公时尚为人所明白见到的"泱泱乎大国风"，正是一个很合理的事情。齐国所贡献于晚周初汉的文化大约有五类（物质的文化除外）。

甲、宗教　试看《史记·秦始皇本纪》《封禅书》，则知秦皇、汉武所好之方士，实原自齐，燕亦附庸在内。方士的作祸是一时的，齐国宗教系统之普及于中国是永久的。中国历来相传的宗教是道教，但后来的道教造形于葛洪、寇谦之一流人，其现在所及见最早一层的根据，只是齐国的神祠和方士。八祠之祀，在南朝几乎成国教，而神仙之论，竟成最普及最绵长的民间信仰。

乙、五行论　五行阴阳论之来源已不可考，《甘誓》《洪范》显系战国末人书（我疑《洪范》出自齐，伏生所采以入廿八篇者），现在可见之语及五行者，以《荀子·非十二子篇》为最多。荀子訾孟子、子思以造五行论，然今本《孟子》《中庸》中全无五行说，《史记·孟子荀卿列传》中却有一段，记邹衍之五德终始论最详：

　　齐有三邹子。其前邹忌，以鼓琴干威王，因及国政，封为成侯，而受相印，先孟子。其次邹衍，后孟子。邹衍睹有国者益淫侈，不能尚德，若《大雅》整之于身施及黎庶矣，乃深观阴阳消息，而作怪迂之变，《终始》《大圣》之篇十余万言。其语闳大不经，必先验小物，推而大之，至于无垠。先序今以上至黄帝，学者所共术，大并世盛衰，因载其机祥度制，推而远之，至天地未生，窈冥不可考而原也。先列中国名山、大川、通谷、禽兽，水土所殖，物类所珍，因而推之及海外，人之所不能睹。称引天地剖判以来，五德转移，治各有宜，而符应若兹。以为儒者所谓中国者，于天下乃八十一分居其一分耳。中国名曰赤县神州，赤县神州内自有九州，禹之序九州是也，不得为州数。中国外如赤县神州者九，乃所谓九州也，于是有裨海环之。人民禽兽莫能相通者，如一区中者，乃为一州。如此者九，乃有大瀛海环其外，天地之际焉。其术皆此类也。然要其归必止乎仁义节俭，君臣上下六亲之施，始也滥耳。王公大人初见其术，惧然顾化，其后不能行之。是以邹子重于齐。适梁，梁惠王郊迎，执宾主之礼。适赵，平原君侧行撇席。如燕，昭王拥篲先驱，请列弟子之座而受业，筑碣石宫，身亲往师之，作《主运》。

邹子出于齐，而最得人主景仰于燕，燕齐风气，邹子一身或者是一个表象。邹子本不是儒家，必战国晚年他的后学者托附于当时的显学儒家以自重，于是谓五行之学创自子思、孟轲，荀子习而不察，遽以之归罪于思、孟轲，遂有《非十二子》中之言。照这看来，这个五行论在战国末很盛行的，诸子、《史记》不少证据。且这五行论在战国晚年不特托于儒者大师，又竟和儒者分不开了。《史记·秦始皇本纪》：

卢生说始皇曰："臣等求芝奇药仙者常弗遇，类物有害之者。方中，人主时为微行，以辟恶鬼，恶鬼辟，真人至。至人主所居，而人臣知之，则害于神。真人者，入水不濡，入火不爇，陵云气，与天地久长。今上治天下，未能恬倓。愿上所居宫毋令人知，然后不死之药殆可得也。"于是始皇曰："吾慕真人，自谓真人，不称朕。"乃令咸阳之旁二百里内宫观二百七十，复道甬道相连，帷帐钟鼓美人充之，各案署，不移徙。行所幸，有言其处者，罪死。始皇帝幸梁山宫，从山上见丞相车骑众，弗善也。中人或告丞相，丞相后损车骑。始皇怒曰："此中人泄吾语。"案问，莫服。当是时，诏捕诸时在旁者，皆杀之。自是后莫知行之所在。听事，群臣受决事，悉于咸阳宫。侯生、卢生相与谋曰："始皇为人，天性刚戾自用，起诸侯，并天下，意得欲从，以为自古莫及己。专任狱吏，狱吏得亲幸，博士虽七十人，特备员弗用。丞相诸大臣皆受成事，倚办

30

于上。上乐以刑杀为威，天下畏罪，持禄莫敢尽忠。上不闻过而日骄，下慑伏谩欺以取容。秦法，不得兼方，不验，辄死。然候星气者至三百人，皆良士，畏忌讳谀、不敢端言其过。天下之事无大小皆决于上，上至以衡石量书，日夜有呈，不中呈，不得休息。贪于权势至如此，未可为求仙药。"于是乃亡去。始皇闻亡，乃大怒曰："吾前收天下书，不中用者尽去之，悉召文学方术士甚众，欲以兴太平，方士欲练以求奇药。今闻韩众去不报，徐市等费以巨万计，终不得药，徒奸利相告日闻。卢生等吾尊赐之甚厚，今乃诽谤我，以重吾不德也。诸生在咸阳者，吾使人廉问，或为妖言，以乱黔首。"于是使御史悉案问诸生，诸生传相告引，乃自除犯禁者四百六十余人，皆坑之咸阳，使天下知之，以惩后。益发谪徙边，始皇长子扶苏谏曰："天下初定，远方黔首未集，诸生皆诵法孔子，今上皆重法绳之，臣恐天下不安。惟上察之。"始皇怒，使扶苏北监蒙恬于上郡。

这真是最有趣的一段史料，分析之如下：

一、卢生等只是方士，决非邹鲁之所谓儒；

二、秦始皇坑的是这些方士；

三、这些方士竟"皆诵法孔子",而坑方士变做了坑儒。则侈谈神仙之方士，为五行论之诸生，在战国末年竟儒服儒号，已无可疑了。这一套的五德终始阴阳消息论，到了汉朝，更养成了最有势力的学派，流行之普遍，竟在儒老之上。有时附儒，如儒之齐学，《礼记》中《月令》及他篇中羼入之阴阳论皆是其出产品。有时混道，如《淮南鸿烈》书中不少此例，《管子》书中也一样。他虽然不能公然的争孔老之席，而暗中在汉武时，已把儒家换羽移宫，如董仲舒、刘向、刘歆、王莽等，都是以阴阳学为骨干者。五行阴阳本是一种神道学（Theology），或曰玄学（Metaphgiscs），见诸行事则成迷信。五行论在中国造毒极大，一切信仰及方技都受他影响。但我们现在也不用笑他了，十九世纪总不是一个顶迷信的时代罢？德儒海格尔以其心学之言盈天下，三四十年前，几乎统一了欧美大学之哲学讲席。但这位大玄学家发轨的一篇著作是用各种的理性证据——就是五德终始一流的——去断定太阳系行星只能有七，不能有六，不能有八。然他这本大著出版未一年，海王星之发见宣布了！至于辨氏 Dialektik，还不是近代的阴阳论吗？至若我们只瞧不起我们二千年前的同国人，未免太宽于数十年前的德国哲学家了。

丙、托于管晏的政论　管晏政论在我们现在及见的战国书中

　　并无记之者（《吕览》只有引管子言行处，没有可以证

明其为引今见《管子》书处），但《淮南》《史记》均详记之。我对于《管子》书试作的设定是，《管子》书是由战国晚年汉初年的齐人杂著拼合起来的。《晏子》书也不是晏子时代的东西，也是战国末汉初的齐人著作。此义在下文殊方之治术一篇及下一章《战国子家书成分分析》中论之。

丁、齐儒学　这本是一个汉代学术史的题目，不在战国时期之内，但若此地不提明此事，将不能认清齐国对战国所酝酿汉代所造成之文化的贡献，故略说几句。儒者的正统在战国初汉均在鲁国，但齐国自有他的儒学，骨子里只是阴阳五行，又合着一些放言侈论。这个齐学在汉初的势力很大，武帝时竟夺鲁国之席而为儒学之最盛者，政治上最得意的公孙弘，思想上最开风气的董仲舒，都属于齐学一派。公羊氏《春秋》，齐《诗》，田氏《易》，伏氏《书》，都是太常博士中最显之学。鲁学小言詹詹，齐学大言炎炎了。现在我们在西汉之残文遗籍中，还可以看出这个分别。

戊、齐文辞　战国文辞，齐楚最盛，各有其他的地方色彩，此事待后一篇中论之（《论战国杂诗体》一章中）。

　　鲁　鲁是西周初年周在东方文明故域中开辟一个殖民地。西周之故域既亡于戎，南国又亡于楚，而"周礼尽在鲁矣"。鲁国人揖让之礼甚讲究，而行事甚乖戾（太史公语），

33

于是拿诗书礼乐做法宝的儒家出自鲁国，是再自然没有的事情。盖人文既高，仪节尤备，文书所存独多，又是个二等的国家，虽想好功矜伐而不能。故齐楚之富、秦晋之强，有时很足为师，儒之学发展之阻力，若鲁则恰成发展这一行的最好环境。"儒是鲁学"这句话，大约没有疑问罢？且儒学一由鲁国散到别处便马上变样子。孔门弟子中最特别的是"堂堂乎张"和不仕而侠之漆雕开，这两个人后来皆成显学。然上两个人是陈人，下两个人是蔡人。孔门中又有个子游，他的后学颇有接近老学的嫌疑，又不是鲁人（吴人）。宰我不知何许人，子贡是卫人，本然都不是鲁国愿儒的样子，也就物以类聚跑到齐国，一个得意，一个被杀了。这都是我们清清楚楚的认识出地方环境之限制人。墨子鲁人（孙诒让等均如此考定），习孔子之书，业儒者之业（《淮南·要略》），然他的个性及主张，绝对不是适应于鲁国环境的，他自己虽然应当是鲁国及儒者之环境逼出来的一个造反者，但他总要到外方去行道，所以他自己的行迹，便也在以愚著闻的宋人国中多了。

宋　宋也是一个文化极高的国家，且历史的绵远没有一个可以同他比，前边有几百年的殷代，后来又和八百年之周差不多同长久。当桓襄之盛，大有殷商中兴之势，直到亡国还要称霸一回。齐人之夸、鲁人之拘、宋人之愚，在战国都极著名。诸子谈到愚人每每是宋人，如《庄子》"宋人资章甫而适诸越，越人断发文身，无所用之"；《孟子》"宋人有闵其苗之不长而揠之者"；《韩非子》宋人守株待兔。此等例不胜其举，而《韩非子》尤其谈到愚人便说是宋人。大约宋人富于宗教性，心术质直，文化既古且高，民俗却还淳朴，所以学者辈出，思想疏通致远而不流于浮华。墨家以宋为重镇，自是很自然的事情。

三晋及周郑　晋国在原来本不是一个重文贵儒、提倡学术的国家，"晋所以伯，师武臣之力也"。但晋国接近周郑，周郑在周既东之后，虽然国家衰弱，终是一个文化中心，所以晋国在文化上受周郑的影响多（《左传》中不少此例）。待晋分为三之后，并不保存早年单纯军国的样子了，赵之邯郸且与齐之临淄争奢侈，韩魏地当中原，尤其出来了很多学者，上继东周之绪，下开名法诸家之盛，这一带地方出来的学者，大略如下：

太史儋　著所谓《老子》五千言（考详后）。关尹不知何许人，然既为周秦界上之关尹，则亦此一带之人。

申不害、韩非　刑名学者。管、晏、申、韩各书皆谈治道者，而齐晋两派绝异。

惠施、邓析、公孙龙　皆以名理为卫之辩士。据《荀子》，惠施、邓析，一流人。据《汉·志》，则今本《邓析子》乃申韩一派。

魏牟　放纵论者。

35

慎到　稷下辩士。今存《慎子》不可考其由来，但《庄子》中《齐物论》一篇为慎到著十二论之一，说后详。

南国　"南国"和"楚"两个名辞断不混的。"南国"包陈、蔡、许、邓、息、申一带楚北夏南之地，其地在西周晚季文物殷盛（详说论《周颂》篇），在春秋时已经好多部分入楚，在战国时全入楚境之内了。现在论列战国事，自然要把南国这个名词放宽些，以括楚吴新兴之人众。但我们终不要忘，楚之人文是受自上文所举固有之南国的。胜国之人文，新族之朝气，混合起来，自然可出些异样的东西。现在我们所可见自春秋末年这一带地方思想的风气，大略有下列几个头绪：

厌世达观者　如孔子适陈、蔡一带所遇之接舆、长沮、桀溺、荷蓧丈人等。

独行之士　许行等。

这一带地方又是墨家的一个重镇，且这一带的墨学者在后来以偏于名辩著闻。

果下文所证所谓苦县之老子为老莱子，则此一闻人亦是此区域之人。

秦国　秦国若干风气似晋之初年，并无学术思想可言，不知《商君书》一件东西是秦国自生的政论，如管晏政论之为齐学一样？或者是六国人代拟的呢？

中国之由分立进为一统，在政治上固由秦国之战功，然在文化上则全是另一个局面，大约说来如下：

齐以宗教及玄学统一中国（汉武帝时始成就）。

鲁以伦理及礼制统一中国（汉武帝时始成就）。

三晋一带以官术统一中国（秦汉皆申韩者）。

战国之乱，激出些独行的思想家；战国之侈，培养了些作清谈的清客。但其中能在后世普及者，只有上列几项。

七　论墨家之反儒学

　　在论战国墨家反儒学之先，要问战国儒家究竟是怎个样子。这题目是很难答的，因为现存的早年儒家书，如《荀子》《礼记》，很难分那些是晚周，那些是初汉，《史记》一部书中的儒家史材料也吃这个亏。只有《孟子》一部书纯粹，然孟子又是一个"辩士"，书中儒家史料真少。在这些情形之下，战国儒家之分合，韩非所谓八派之差异，竟是不能考的问题。但他家攻击儒者的话中，反要存些史料，虽然敌人之口不可靠，但攻击人者无的放矢，非特无补，反而自寻无趣；所以《墨子》《庄子》等书中非儒的话，总有着落，是很耐人寻思的。

　　关于战国儒者事，有三件事可以说几句：

　　一、儒者确曾制礼作乐，虽不全是一个宗教的组织，却也是自成组织，自有法守。三年之丧并非古制，实是儒者之制，而儒者私居演礼习乐，到太史公时还在鲁国历历见之。这样的组织，正是开墨子创教的先河，而是和战国时一切辩士之诸子全不同的。

二、儒者在鲁国根深蒂固，竟成通国的宗教。儒者一至他国，则因其地而变，在鲁却能保持较纯净的正统，至汉而多传经容礼之士。所以在鲁之儒始终为专名，一切散在列国之号为儒者，其中实无所不有，几乎使人疑儒乃一切子家之通名。

三、儒者之礼云乐云，弄到普及之后，只成了个样子主义 mannerism，全没有精神，有时竟像诈伪。荀卿在那里骂贱儒，骂自己的同类，也不免骂他们只讲样子，不管事作。《庄子·外物》篇中第一段形容得尤其好：

> 儒以《诗》《礼》发冢。（王先谦云："求诗礼发古冢。"此解非是。下文云，大儒胪传，小儒述《诗》，犹云以《诗》《礼》之态发冢。郭注云："诗礼者，先王之陈迹也。苟非其人，道不虚行。故夫儒者乃有用之为奸，则迹不足恃也。"此解亦谓以《诗》《礼》发冢，非谓求《诗》《礼》发冢。）大儒胪传曰："东方作矣，事之若何？"小儒曰："未解裙襦，口中有珠。《诗》固有之曰：'青青之麦，生于陵陂。生不布施，死何食珠为。'"接其鬓，压其颊，儒以金椎控其颐，徐别其颊，无伤口中珠！

这是极端刻画的形容，但礼云乐云而性无所忍，势至弄出这些怪样子来的。

39

墨子出于礼云乐云之儒者环境中，不安而革命，所以墨家所用之具全与儒同，墨家所标之义全与儒异。儒者称《诗》《书》，墨者亦称《诗》《书》；儒者道《春秋》，墨者亦道《春秋》（但非止鲁《春秋》）；儒者谈先王、谈尧舜，墨者亦谈先王、谈尧舜；儒者以禹为大，墨者以禹为至；儒墨用具之相同远在战国诸子中任何两家之上。然墨者标义则全是向儒者痛下针砭，今作比较表如下：

墨 者 义	儒 者 义	附 记
尚贤 《墨子》："古者圣王甚尊尚贤而任使能，不党父兄，不偏贵富，不嬖颜色。"	亲亲 如《孟子》所举舜封弟象诸义，具见儒者将亲亲之义置于尚贤之前。	儒者以家为国，《墨子》以天下为国，故儒者治国以宗法之义，墨者则以一视同仁为本。
尚同 一切上同于上，"上同乎天子，而未尚同乎天者，则大灾将犹未止也"。	事有差等 儒者以为各阶级应各尽其道以事上，而不言同乎上，尤不言尚同乎天。	尚同实含平等义，儒者无之。
兼爱 例如"报怨以德"之说。《墨子》以为人类之无间"此疆尔界"。	爱有等差 例如《孟子》："有人于此，越人关弓而射之，则已谈笑而道之，其兄关弓而射之，则已垂涕泣而道之。"《孟子》之性善论如此。	

非攻非一切之攻战。	别义战与不义战居俭侈之间	
节用		
节葬	厚葬	《韩非子》："儒者倾家而葬，人主以为孝，墨者薄葬，人主以为俭。"此为儒墨行事最异争论最多之点。
天志 《墨子》明言天志，以为"天欲义而恶其不义"。	天命 儒者非谓天无志之自然论者，但不主明切言之。《论语》："天何言哉？四时行焉，百物生焉。"又每以命为天，《孟子》："吾之不遇鲁侯，天也。"	此两事实一体，儒者界于自然论取宗教家之中。而以甚矛盾之行事感其不可知之谊。
明鬼 确信鬼之有者。	敬鬼神而远之 《论语》："祭如在，祭神如神在。"又"未能事人，焉能事鬼"。	
非乐	放郑声而隆雅乐	
非命	有命 《论语》："道之将行也与？命也！道之将废也与？命也！公伯寮其如命何？"《孟子》："吾之不遇鲁侯，天也！臧氏之子，焉能使予不遇哉？"儒者平日并不言命，及失败时，遂强颜谈命以讳其失败。	

41

就上表看，墨者持义无不与儒歧别。其实逻辑说去，儒墨之别常是一个度的问题。例如儒者亦主张任贤使能者，但更有亲亲之义在上头；儒者亦非主张不爱人，如魏牟杨朱者，但谓爱有差等；儒者亦非主战阵，如纵横家者，但还主张义战；儒者亦非无神无鬼论者，但也不主张有鬼。乐葬两事是儒墨行事争论的最大焦点，但儒者亦放郑声，亦言"礼与其奢也宁俭，丧与其易也宁戚"。然而持中者与极端论者总是不能合的，两个绝相反的极端论者，精神上还有多少的同情；极端论与持中者既不同道，又不同情，故相争每每最烈。儒者以为凡事皆有差等，皆有分际，故无可无不可。在高贤尚不免于妥协之过，在下流则全成伪君子而已。这样的不绝对主张，正是儒者不能成宗教的主因，虽有些自造的礼法制度，但信仰无主，不吸收下层的众民，故只能随人君为抑扬，不有希世取荣之公孙弘，儒者安得那样快当的成正统啊！

八 《老子》五千言之作者及宗旨

汪容甫《老子考异》一文所论精澈，兹全录之如下：

《史记·孔子世家》云："南宫敬叔与孔子俱适周问礼，盖见老子云。"《老庄申韩列传》云："孔子适周，问礼于老子。"按，老子言行今见于曾子问者凡四，是孔子之所从学者可信也。夫助葬而遇日食，然且以见星为嫌，止柩以听变，其谨于礼也如是；至其书则曰："礼者忠信之薄，而乱之首也。"下殇之葬，称引周召史佚，其尊信前哲也如是；而其书则曰："圣人不死，大盗不止。"彼引乖违甚矣！故郑注谓古寿考者之称，黄东发《日抄》亦疑之，而皆无以辅其说。其疑一也。《本传》："云老子楚苦县厉乡曲仁里人也。"又云："周守藏室之史也。"按周室既东，辛有入晋（《左传》昭二十年），司马适秦（《太史公自序》），史角在鲁（《吕氏春秋·当染篇》），王官之符，或流播于四方，列国之产，惟晋

43

悼尝仕于周，其他固无闻焉。况楚之于周，声教中阻，又非鲁郑之比。且古之典籍旧闻，惟在瞽史，其人并世官宿业，羁旅无所置其身。其疑二也。《本传》又云："老子，隐君子也。"身为王官，不可谓隐。其疑三也。今按《列子·黄帝》《说符》二篇，凡三载列子与关尹子答问之语（《庄子·达生》篇与《列子·黄帝》篇文同，《吕氏春秋·审己》篇与《列子·说符》篇同）。而列子与郑子阳同时，见于本书。《六国表》："郑杀其相驷子阳。"在韩列侯二年，上距孔子之殁凡八十二年。关尹子之年世既可考而知，则为关尹著书之老子，其年亦从可知矣。《文子·精诚》篇引《老子》曰："秦楚燕魏之歌，异传而皆乐。"按，燕终春秋之世，不通盟会。《精诚》篇称燕自文侯之后始与冠带之国（燕世家有两文公，武公子文公，《索隐》引《世本》作闵公，其事迹不见于《左氏春秋》，不得谓始与冠带之国。桓公子亦称文公，司马迁称其予车马金帛以至赵，约六国为纵，与文子所称时势正合）。文公元年上距孔子之殁凡百二十六年，《老子》以燕与秦楚魏并称，则《老子》已及见文公之始强矣。又魏之建国，上距孔子之殁凡七十五年，而《老子》以之与三国齿，则《老子》已及见其侯矣。《列子·黄帝》

44

篇载老子教杨朱事（《庄子·寓言》篇文同，惟以朱作子居，今江东读朱如居，张湛注《列子》云：朱字子居，非也）。《杨朱》篇禽子曰："以子之言问老聃、关尹则子言当矣，以吾言问大禹、墨翟，则吾言当矣。"然则朱固老子之弟子也。又云："端木叔者，子贡之世也。"又云："其死也，无瘗埋之资。"又云："禽滑釐曰：'端木叔，狂人也，辱其祖矣。'段干生曰：'端木叔，达人也，德过其祖矣。'"朱为老子之弟子，而及见子贡之孙之死，则朱所师之老子不得与孔子同时也。《说苑·政理》篇："杨朱见梁主，言治天下如运诸掌。"梁之称王自惠王始，惠王元年上距孔子之殁凡百十八年，杨朱已及见其王，则朱所师事之老子其年世可知矣。《本传》云："见周之衰，乃遂去，至关。"抱朴子以为散关，又以为函谷关。按，散关远在岐州，秦函谷关在灵宝县，正当周适秦之道，关尹又与郑之列子相接，则以函谷为是。函谷之置，旧无明文。当孔子之世，二崤犹在晋地，桃林之塞，詹瑕实守之。惟贾谊《新书·过秦》篇云："秦孝公据崤函之固。"则是旧有其地矣。秦自躁怀以后，数世中衰，至献公而始大，故《本纪》献公二十一年："与晋战于石门，斩首六万。"二十三年："与魏晋战少梁，虏其将公孙瘗。"然则是关之置，在献公之世矣。由是言之，孔子所问礼者，聃也，其人为周守藏室之史，言与行则曾子问所在者是也。周太史儋见秦献公，《本纪》在献公十一年，去魏文侯之殁十三年，而老子之子宗为魏将封于段干（《魏世家》，安釐王四年，魏将段干子请予秦南阳以和。《国策》，华军之战，魏不胜秦，明年将使段干崇割地而讲。《六国表》，秦昭王二十四年，白起击魏华阳军。按，是时上距孔子之卒，凡二百一十年），则为儋之子无疑。而言道德之意五千余言者，儋也。其入秦见献公，即去周至关之事。《本传》云："或曰，儋即老子。"其言韪矣。至孔子称老莱子，今见于太傅礼卫将军文子篇，《史记·仲尼弟子列传》亦载其说，而所云贫而乐者，与隐君子之文正合。老莱之为楚人，又见《汉书·艺文志》，盖即苦县厉乡曲仁里也。而老聃之为楚人，则又因老莱子而误，故《本传》老子语孔子"去子之骄色与多欲，态心与淫志"。而《庄子·外物》篇则曰，老莱子谓孔子"去汝躬矜与汝容知"。《国策》载老莱子教孔子语，《孔丛子·抗志》篇以为老莱子语子思，而《说苑·敬慎》篇则以为常枞教老子（《吕氏春秋·慎大》篇，表商容之间。高诱注，商容，殷之贤人，老子师也。商常容枞音近而误。《淮南·主术训》，表商容之间，注同。《缪称训》：老子学商容，见舌而知守柔矣。《吕氏春秋·离谓》篇，箕子商容以此穷。注，商容，纣时贤人，老子所从学也）。然则老莱子之称老子也旧矣。实则三人不相蒙也。若《庄子》载老聃之言，率原于道德之意，而《天道》篇载孔子西藏书于周室，尤误后人。"寓言十九"，固已自揭之矣。

容甫将《老子列传》中之主人分为三人，而以著五千文者为史儋，孔子问礼者为老聃，家于苦县者为老莱子。此种分析诚未必尽是，然实是近代考证学最秀美之著作。若试决其当否，宜先审其推论所本之事实，出自何处。一、容甫不取《庄子》，以为"寓言十九，固自揭之"。按，今本《庄子》，实向秀郭象所定之本（见《晋书·本传》），西晋前之庄子面目，今已不可得见，郭氏于此书之流行本，大为删刈。《经典释文》卷一引之曰："故郭子云，一曲之才，妄窜奇说，若关奕意修之首，危言游凫子胥之篇，凡诸巧杂十分有三。"子玄非考订家，其所删削，全凭自己之理会可知也。庄子之成分既杂，今本面目之成立又甚后，（说详下文释《庄子》节）则《庄子》一书本难引为史料。盖如是后人增益者，固不足据，如诚是自己所为，则"寓言十九，固自揭之"也。《庄子》书中虽有与容甫说相反者，诚未足破之。二、容甫

47

引用《列子》文，《列子》固较《庄子》为可信耶？《列子》八篇之今本，亦成于魏晋时，不可谓其全伪，以其中收容有若干旧材料也。不可谓其不伪，以其编制润色增益出自后人也。《列子》书中所记人事，每每偶一复核，顿见其谬者。今证老子时代，多取于此，诚未可以为定论。

然有一事足证汪说者，《史记》记老子七代孙假仕汉文朝，假定父子一世平均相差三十五年不为不多，老子犹不应上于周安王。安王元年，上距孔子之生犹百余年。且魏为诸侯在威烈王二十三年（西历前 403），上距孔子之卒（西历前 479）七十六年，若老子长于孔子者，老子之子焉得如此之后？又《庄子·天下》篇（《天下》篇之非寓言，当无异论），关尹、老聃并举，关尹在前，老聃在后。关尹生年无可详考，然周故籍以及后人附会，无以之为在诸子中甚早者。关尹如此，老子可知。《史记》记老子只四事：一、为周守藏史；二、孔子问礼；三、至关见关尹；四、子宗仕魏。此四事除问礼一事外，无不与儋合（儋为周史，儋入关见秦献公，儋如有子，以时代论恰可仕于魏）。容甫所分析宜若不误也。五千言所谈者，大略两端：一、道术；二、权谋。此两端实亦一事，道术即是权谋之扩充，权谋亦即道术之实用。"知其雄，守其雌，为天下溪；知其荣，守其辱，为天下谷"。"人皆取先，已独取后"云云者，固是道术之辞，亦即权谋之用。五千言之意，最洞澈世故人情，世当战国，人识古今，全无主观之论，皆成深刻之言。"将欲取之，必故与之"，即荀息灭虢之策，阴谋之甚者也。"夫惟弗吾，是以不去"，即所谓"精华既竭，蹇裳去之"者之廉也。故《韩非子》书中《解老》《喻老》两篇所释者，诚《老子》之本旨，谈道术乃其作用之背景，阴谋术数乃其处世之路也。"当其无有车之用"，实帝王之术。"国之利器，不可示人"，亦御下之方。至于柔弱胜刚强，无事取天下，则战国所托黄帝、殷甲、伊尹、太公皆如此旨。并竞之世，以此取敌；并事一朝，以此自得。其言若抽象，若怪谲，其实乃皆人事之归纳，处世之方策。《解老》以人间世释之，《喻老》以故事释之，皆最善释老者。王辅嗣敷衍旨要，固已不及，若后之侈为玄谈，曼衍以成长论，乃真无当于《老子》用世之学者矣。《史记》称汉文帝好黄老刑名，今观文帝行事，政持大体，令不扰民，节用节礼，除名除华，居平勃之上，以无用为用，介强藩之中，以柔弱克之，此非庸人多厚福，乃是帷幄有深谋也。洛阳贾生，虽为斯公再传弟子，习于刑名，然年少气盛，侈言高论，以正朔服色动文帝，文帝安用此扰为？窦太后问辕固生《老子》何如，辕云："此家人言耳。"可见汉人于《老子》以为处世之论而已，初与侈谈道体者大不同，尤与神仙不相涉也。又汉初为老学者曰黄老，黄者或云黄帝，或云黄生（例如夏曾佑说）。黄生汉人，不宜居老之上。而《汉志》列黄帝者四目，兵家举黄帝风后力牧者，又若与道家混。是黄老之黄，

49

乃指黄帝，不必有异论。五千文中，固自言"以正治国，以奇用兵，以无事取天下"，则无为之论，权谋术数之方，在战国时代诚可合为一势者矣。

综上所说，约之如下，五千文非玄谈者，乃世事深刻归纳。在战国时代，全非显学。孔子孟子固未提及，即下至战国末，荀子非十二子，老氏关尹不与。韩非斥显学，绝五蠹，道家黄老不之及。仅仅《庄子·天下》篇一及之，然所举关尹之言乃若论道，所称老聃之言只是论事。《庄子·天下》篇之年代，盖差前乎荀卿，而入汉后或遭润色者（说别详）。是战国末汉初之老学，应以《韩子·解》《喻》两篇者为正。文帝之治为其用之效，合阴谋，括兵家，为其域之广。留侯黄石之传说，河上公之神话，皆就"守如处女，出如脱兔"之义敷衍之，进为人君治世之衡，退以其说为帝王师，斯乃汉初之黄、老面目。史儋以其职业多识前言往行，处六百年之宗主国，丁世变之极殷（战国初年实中国之大变，顾亭林曾论之），其制五千言固为情理之甚可能者。今人所谓"老奸巨猾"者，自始即号老矣。申、韩刑名之学，本与老氏无冲突处，一谈其节，一振其纲，固可以刑名为用，以黄、老为体矣。此老氏学最初之面目也。

"老学既黄"（戏为此词），初无须大变老氏旨也，盖以阴谋运筹帷幄之中，以权略术数决胜千里之外，人主之取老氏者本以此，则既黄而兵家权略皆入之，亦固其所。然黄帝

50

实战国末汉初一最大神道，儒道方士神仙兵家法家皆托焉，太史公足迹所至，皆闻其神话之迹焉（见《五帝本纪·赞》）。则既黄而杂亦自然之势矣。老学一变而杂神仙方士，神仙方士初与老氏绝不相涉也（白居易诗"玄元圣祖五千言，不言药，不言仙，不言白日升青天"），神仙方士起于燕齐海上，太史公记之如此，本与邹鲁之儒学无涉，周郑三晋之道论（老子）、官术（申韩）不相干。然神仙方术之说来自海滨，无世可纪，不得不比附显学以自重于当时。战国末显学，儒墨也（见《韩非子》），故秦始皇好神仙方士，乃东游，竟至邹峄山，聚诸生而议之。其后怒求神仙者之不成功，大坑术士，而扶苏谏曰："诸生皆诵法孔子，今上皆重法绳之，臣恐天下不安。"坑术士竟成坑儒，则当时术士自附于显学之儒可知。儒者在战国时，曾西流三晋，南行楚吴，入汉而微，仅齐鲁之故垒不失。文景时显学为黄老，于是神仙方士又附黄老，而修道养性长寿成丹各说皆与老子文成姻缘，《淮南》一书，示当时此种流势者不少。故神仙方士之入于道，时代为之，与本旨之自然演化无涉也。

武帝正儒者之统，行阴阳之教，老学遂微。汉初数十年之显学，虽式微于上，民间称号终不可怠。且权柄刑名之论，深于世故者好取之，驭下者最便之，故宣帝犹贤黄老刑名，而薄儒术。后世治国者纵惯以儒术为号，实每每阴用黄、老、申、韩焉。又百家废后，自在民间离合，阴阳五行既已磅礴

51

当世，道与各家不免藉之为体，试观《七略》《汉志》论次诸子，无家不成杂家，非命之墨犹须顺四时而行（阴阳家说），其他可知矣。在此种民间混合中，老子之号自居一位，至于汉末而有黄巾道士，斯诚与汉初老学全不相涉也。

东汉以来，儒术凝结，端异者又清澈之思，王充仲长统论言于前，王弼、钟会注书于后，于是老氏之论复兴。然魏、晋之老乃庄老，与汉初黄、老绝不同。治国者黄、老之事，玄谈者庄、老之事。老、庄之别，《天下》篇自言之，老乃世事洞明，而以深刻之方术驭之者；庄乃人情练达，终于感其无可奈何，遂"糊里糊涂以不了了之"者。魏、晋间人，大若看破世间红尘，与时俯仰，通其狂惑（如阮嗣宗），故亦厄言曼行，"以天下为沉浊不可与庄语"，此皆庄书所称。若老子则有积极要求，潜藏虽有之，却并非"不谴是非以与世俗处"者。干令升《晋纪·总论》云："学者以庄老为宗而黜六经"，不言老庄。太史公以庄释老，遂取庄书中不甚要各篇，当时儒道相绌之词，特标举之。甚不知庄生自有其旨。魏晋人又以老释庄，而五千言文用世之意，于以微焉。例如何平叔者，安知陈、张、萧、曹之术乎？乃亦侈为清谈，超机神而自比于犹龙，志存吴、蜀，忘却肘腋之患，适得子房之反，运筹千里之外，决败帷幄之中矣。此种清谈决非《老子》之效用也。

老学之流变既如上述，若晋人葛洪神仙之说，魏人寇嫌之符录之术，皆黄巾道士之支与裔，与老子绝无涉者。老莱子一人，孔子弟子列传既引之，大约汉世乃及战国所称孔子问礼之事每以老莱子当之，以老聃当之者，其别说也。孔子事迹后人附会极多，今惟折中于《论语》，差为近情。《论语》未谈孔子问礼事，然记孔子适南时所受一切揶揄之言，如长沮、桀溺、荷蓧丈人、接舆等等，而凤兮之叹流传尤多。孔子至楚乃后来传说，无可考证，若厄陈、蔡则系史实。苦为陈邑，孔子卒时陈亡于楚，则老莱子固可为孔子适陈、蔡时所遇之隐君子，苦邑人亦可因陈亡而为楚人厉，之与莱在声音上同纽，或亦方言之异也。老莱子责孔子以"去汝躬矜与汝容知"之说，容有论事，则老莱亦楚狂一流之人。不然，亦当是凭藉此类故事而生之传说，初无涉乎问礼。及老聃（或史儋）之学浸浸与显学之儒角逐，孔老时代相差不甚远，从老氏以绌儒学者，乃依旧闻而造新说，遂有问礼之论，此固是后人作化胡经之故智。六朝人可将老聃、释迦合，战国末汉初人独不可将仲尼、老聃合乎？《论语》《孟子》《荀子》及《曲礼》《檀弓》诸篇，战国儒家史今存之材料也，其中固无一言及此，惟《曾子问》三言之。今观《曾子·檀弓问》所记，皆礼之曲节，阴阳避忌之言，传曾掌故之语，诚不足当问礼之大事。明堂《戴记》中，除《曲礼》数篇尚存若干战国材料外，几乎皆是汉博士著作或编辑，前人固已言其端矣。（太史公、班孟坚、卢植明指《王制》为汉文时博士作，甚显之《中庸》，亦载"今天下车同轨"及"载华岳而不重"之言。）

附记，韩文公已开始不信问礼事，《原道》云老者曰，孔子吾师之弟子也，为孔子者习闻其说，乐其诞而自小也，亦曰吾师亦尝师之云尔。不惟举之于其口，而又笔之于其书。"然《史记》一书杂老学，非专为儒者。

儋、聃为一人，儋、聃亦为一语之方言变异。王船山曰："老聃亦曰太史儋，儋、聃音盖相近。"毕沅曰古瞻、儋字通。《说文解字》有聃云：'耳曼也。'又有瞻字云：'垂耳也，南方瞻耳之国。'《大荒北经》《吕览》瞻耳字并作儋。又《吕览》老聃字，《淮南王书》瞻耳字皆作耽。《说文解字》有耽字云：'耳大垂也。'盖三字声义相同，故并藉用之。"此确论也。儋、聃既为一字之两书，孔子又安得于卒后百余年从在秦献公十一年入关之太史儋问礼乎？总而言之，果著五千文者有人可指当为史儋，果孔子适南又受揶揄，当为老莱子也。

上说或嫌头绪不甚清晰，兹更约述之。

一、《老子》五千言之作者为太史儋，儋既为老聃，后于孔子。此合汪、毕说。

二、儋、聃虽一人，而老莱则另一人，莱、厉或即一语之转。

三、孔子无问礼事，《曾子问》不可据。问礼说起于汉初年儒老之争。

四、始有孔子受老莱子揶揄之传说，后将老子代老莱。假定如此。

五、《老子》书在战国非显学，入汉然后风靡一世。

六、老、庄根本有别，《韩子》书中《解老》《喻老》两篇，乃得《老子》书早年面目者。

《庄子》书最杂，须先分析篇章然后可述说指归，待于下篇中详辨之。

九　齐晋两派政论

　　一种政论之生不能离了他的地方人民性，是从古到今再显明没有的事情。例如放任经济论之起于英，十八世纪自由论之起于法，国家论及国家社会论起于德，所谓"拜金主义"者之极盛于美，都使我们觉得有那样土田，才生那样草木。中国在春秋战国间东西各部既通而未融，既混而未一，则各地政论之起，当因地域发生很不同的倾向，是自然的事。战国时风气最相反的莫如齐秦，一以富著，一以强称；一则宽博，一则褊狭；一则上下靡乐，一则人民勇于公战；一则天下贤士皆归之，一则自孝公以来即燔灭诗书（见《韩非子·和氏》篇）。齐则上下行商贾之利，秦则一个纯粹的军国家，齐之不能变为秦，犹秦之难于变为齐。秦能灭齐而不能变其俗，秦地到了汉朝，为天下之都，一切之奢侈皆移于关中，而近秦之巴蜀，山铁之富甲于世间，然后其俗少变，然关西犹以出将著闻。（时谚："关东多相，关西多将。"）在这样的差异之下，齐晋各有其不同的政治，亦即各有其政论是应该的。

但秦在缪公一度广大之后，连着几代不振作，即孝公令中所谓"厉躁简公出子之不宁"者。及献孝两世，然后又有大志于中国，而关东贤士，因秦地自然之俗而利导之，如卫鞅。不有关东贤士，无以启秦地之质，不有秦地之质，亦无以成关东贤士之用。此样政治之施用在秦，而作此样政论者则由三晋。晋在初年亦全是一个军国家，和东方诸侯不同，和秦国历代姻戚，边疆密迩，同俗之处想必甚多。即如晋国最大之赵孟，本是秦之同宗，晋之大夫出奔，每至于秦。晋在后来既强大，且富庶，渐失其早年军国的实在。既分为三之后，只有赵国沿保持早年的武力。韩、魏地富中国，无土可启（魏始有上郡，后割于秦，遂失边境），有中土之侈靡可学，遂为弱国。在不能开富不能启土范围之内，想把国家弄得强且固，于是造成一种官术论，即所谓中子之学，而最能实行这些官术论者，仍然是秦。

所以战国时的政治论，略去小者不言，大别有东西两派。齐为东派，书之存于后者有《管子》《晏子》。这个政论的重要题目是：如何用富而使人民安乐，如何行权而由政府得利，如何以富庶致民之道德，如何以富庶戒士卒之勇敢，如何富而不侈，如何庶而不淫。《管子》书中论政全是以经济为政治论，《晏子》书论政全是以杜大国淫侈为政体论。返观韩魏官术之论，及其行于秦国之迹，则全不是这些话，富国之术，只谈到使民务本事，而痛抑商贾之操纵，执法立信，信

57

赏必罚，"罚九赏一"，"燔灭诗书"，重督责而绝五蠹（《商君书》作"六虱"）。盖既富之国，应用其富，而经济政策为先（齐既衰之国，应强其政，而刑名之用为大（韩魏）；新兴之国，应成一种力大而易使之民俗，以为兼并之资，而所谓商君之法者以兴。这便是《管子》《晏子》书对于《商君》《韩非》书绝然不同的原因。

管晏商韩四部书都很驳杂，须待下篇论诸子分析时详说，此处但举齐学晋论几个重要分素。

齐学　《管子》书没有一个字能是管子写的，最早不过是战国中年的著作，其中恐怕有好些是汉朝的东西。今姑以太史公所见几篇为例，《牧民》《山高》《乘马》《轻重》之旨要，太史公约之云：

> 管仲既任政相齐，以区区之齐在海滨，通货积财，富国强兵，与俗同好恶。故其称曰："仓廪实而知礼节，衣食足而知荣辱，上服度则六亲固，四维不张国乃灭亡。下令如流水之原，令顺民心。"故论卑而易行。俗之所欲，因而与之，俗之所否，因而去之。其为政也，善因祸而为福，转败而为功。贵轻重，慎权衡。桓公实怒少姬，南袭蔡，管仲因而伐楚，责包茅不入贡于周室。桓公实北征山戎，而管仲因而令燕修召公之政。于柯之会，桓公欲背

曹沫之约，管仲因而信之。诸侯由是归齐。故曰：
知"与之为取"，政之宝也。

轻重权衡《管子》书中言之极详，现在不举例。《管子》书中义，谲中有正，变中有常，言大而夸，极多绝不切实用者，如《轻重戊》一段，思将天下买得大乱，而齐取之。齐虽富，焉能这样？这固全是齐人的风气。然其要旨皆归于开富源以成民德，治民对邻，皆取一种适宜的经济政策。《晏子》书文采甚高，陈义除贬孔丘外，皆与儒家义无相左处。齐人好谏，好以讽辞为谏，晏子实淳于髡所慕而为其隐语讽辞者（见《史记》），齐人后来且以三百篇为谏书。

三晋论 齐虽那样富，"泱泱乎大国风"，但其人所见颇鄙，大有据菑莱而小天下之意。孟子每言齐人所见不广，妄以自己所有为天下先，如云，"子诚齐人也，知管仲晏子而已矣！"若晋则以密迩东西周之故，可比齐人多知道天下之大，历史之长，又以历为百余年中国伯主，新旧献典，必更有些制作，故三晋政论当不如齐国之陋，然又未免于论术多而论政少，或竟以术为政。关于刑名之学之所起，《淮南·要略》说得很好：

申子者，韩昭侯之佐。韩、晋之别国也。地激民险，而介于大国之间。晋国之故礼未灭，韩国之

59

新法重出，先君之令未收，后君之令又下，新故相反，前后相缪，百官背乱，莫知所用：故刑名之书生焉。（此言亦见《韩子·定法》篇，《韩子》书不出一人手，不知此言是谁抄谁者。）

申子刑名之学用于秦晋，用于汉世，此种官术自其小者言之，不过是些行政之规，持柄之要。申子书今虽不可见，然司马子长以为"申子卑卑施之于名实"。大约还没有很多的政治通论。不过由综核名实发轫，自然可成一种溥广的政论。所以韩子之学，虽许多出于名实之外，然"引绳墨，切事情"，亦即名实之推广，不必因狭广分申、韩为二，两人亦皆是韩地的地道出产。申子书今佚，然故书所傅申子昭侯事，颇有可引以证其作用者。

申子尝请仕其从兄，昭侯不许，申子有怨色。昭侯曰："所为学于子者，欲以治国也。今将听子之谒，而废子之术乎？已其行子之术，而废子之请乎？子尝教寡人修功劳，视次第，今有所私求，我将奚听乎？"申子乃辟舍请罪，曰："君真其人也！"

昭侯有敝袴，命藏之。侍者曰："君亦不仁者矣！不赐左右而藏之。"昭侯曰："吾闻明主爱一颦一笑，颦有为颦，笑有为笑。今袴岂特颦笑哉？吾必待有功者！"（上两事见《韩子》《说苑》等，文从《通鉴》所引。）

《韩非子》的杂篇章多是些申申子之意者，但韩非政论之最精要处在《五蠹》《显学》两篇，这是一个有本有末的政论，不可仅把他看做是主张放弃儒墨文学侠士者。《显学》已抄在前篇，《五蠹》文长，不录。

《商君书》纯是申韩一派中物，《靳令》篇言"六虱"，即《韩子》中"五蠹"之论。商君决不会著书，此书当是三晋人士，因商君之令而为之论。《韩非子》说家有其书，则托于商君之著书，战国末年已甚流行，《韩非子》议论从其出者不少。

我们现在可以申韩商君为一派，而以为其与齐学绝不同者，《韩非子》书中有显证。

（《定法》第四十三）问者曰："申不害、公孙鞅，此二家之言孰急于国？"应之曰："是不可程也。人不食十日则死，大寒之隆，不衣亦死，谓之衣食孰急于人，则是不可一无也，皆养生之具也。今申不害言术，而公孙鞅为法。术者，因任而授官，循名而责实，操杀生之柄，课群臣之能者也，此人主之所执也。法者，宪令著于官府，赏罚必于民心，赏存乎慎法，而罚加乎奸令者也，此臣之所师也。君无术则弊于上，臣无法则乱于下，此不可一无，皆帝王之具也。"

（同篇下文又云）二子之于法术，皆未尽善也。

（《难二》第三十七）景公过晏子，曰："子宫小，近市，请徙子家豫章之圃。"晏子再拜而辞曰："且婴家贫，待市食而朝暮趋之，不可以远。"景公笑曰："子家习市，识贵贱乎？"是时，景公繁于刑。晏子对曰："踊贵而屦贱。"景公曰："何故？"对曰："刑多也。"景公造然变色曰："寡人其暴乎？"于是损刑五。或曰："晏子之贵踊，非其诚也，欲便辞以止多刑也，此不察治之患也。夫刑当，无多；不当，无少。无以不当闻，而以太多说，无术之患也。败军之诛以千百数，犹北且不止，即治乱之刑如恐不胜，而奸尚不尽。今晏子不察其当否，而以太多为说，不亦妄乎？夫惜草茅者耗禾穗，惠盗贼者伤良民，今缓刑罚，行宽惠，是利奸邪而害善人也。此非所以为治也。"

齐桓公饮酒，醉，遗其冠，耻之，三日不朝。管仲曰："此非有国之耻也。公胡其不雪之以政？"公曰："胡其善。"因发仓囷，赐贫穷，论囹圄，出薄罪。处三日而民歌之，曰："公胡不复遗冠乎？"

或曰："管仲雪桓公之耻于小人，而生桓公之耻于君子矣！使桓公发仓囷而赐贫穷，论囹圄而出薄罪，非义也，不可以雪耻使之而义也。桓公宿义，须遗冠而后行之，则是桓公行义，非为遗冠也。是虽雪遗冠之耻于小人，而亦遗义之耻于君子矣。且夫发困仓而赐贫穷者，是赏无功也；论囹圄而出薄罪者，是不诛过也。夫赏无功则民偷幸而望于上，不诛过则民不惩而易为非。此乱之本也，岂可以雪耻哉？"

按，上段必是当时流行《晏子谏书》中一节，下段必是当时流行《管子》书中一节，所谓"因祸以为福，转败以为功"者，为韩子学者皆不取此等齐人政论。

今本管、韩书中皆多引用《老子》文句处，《管子》在汉志中列入道家，而太史公以为申韩皆原于道德之义。按，此非战国末年事，此是汉初年编辑此类篇章者加入之采色，待下篇论诸子文籍分析时详说。

十　梁朝与稷下

　　战国时五光十色的学风，要有培植的所在，犹之乎奇花异树要有他们的田园。欧洲十七八世纪的异文异说，靠诸侯朝廷及世族之家的培养，十九世纪的异文异说，靠社会富足能养些著文卖书的人。战国时诸子，自也有他们的生业，他们正是依诸侯大族为活的。而最能培植这些风气的地方，一是梁朝，一是稷下。这正同于路易王李失路丞柏下之巴黎，伏里迭利二世之柏林，加特林后之彼得斯堡。

　　梁朝之盛，在于文侯之世。

　　（《史记·魏世家》）文侯之师田子方……文侯受子夏经艺，客段干木，过其闾，未尝不轼也。秦尝欲伐魏，或曰，魏君贤人是礼，国人称仁，上下和合，未可图也。文侯由此得誉于诸侯。

　　《汉志·儒家》有《魏文侯》六篇，早已佚。然《乐记》《吕览》《说苑》《新序》引魏文侯事语甚多，盖文侯实是战国时最以礼贤下士重师崇儒著闻者。《汉志·儒家·魏文侯》六篇后又有《李克》七篇，班法云："子夏弟子，为魏文侯相。"子夏说教西河，是儒学西行一大关键。禽滑釐相传即于此受业。文侯朝中又有吴起，亦儒者曾参弟子。文侯卒，武侯立。文侯武侯时魏甚强。武侯卒，公孙缓与惠侯争立，几乎亡国。惠王初年，魏尚强，陵厉韩赵，后乃削于齐楚，尤大困于秦，去安邑而徙大梁。《史记·魏世家》："惠王数败于军旅，卑礼厚币，以招贤者，邹衍、淳于髡、孟轲，皆至梁。"惠侯卒（惠王之称王乃追谥，见《史记》），襄王立，更削于秦。卒，哀王立。哀王卒，昭王立，魏尤削于秦。昭王卒，安釐王立。是时魏以"一万乘之国……西面而事秦，称东藩，受冠带，祠春秋"。然以信陵君之用，存邯郸，却秦军，又"率五国兵攻秦，败之河内，走蒙骜"。自秦献孝东向以临诸侯之后，关东诸侯无此盛事。《韩非子·有度篇》以齐桓楚庄魏安釐之伯合称，魏安釐王必也是一个好文学者，不然他冢中不会有许多书。

（《晋书·束皙传》）初，太康二年，汲郡人不准盗发魏襄王墓，或言安釐王冢，得竹书数十车。其《纪年》十三篇，记夏以来至周幽王为犬戎所灭，以事接之，三家分，仍述魏事，至安釐王之二十年。盖魏国之史书，大略与《春秋》皆多相应。其中经

65

传大异，则云：夏年多殷，益干启位，启杀之，太甲杀伊尹，文丁杀季历。自周受命至穆王百年，非穆王寿百岁也。幽王既亡，有共伯和者摄行天子事，非二相共和也。其《易经》二篇与《周易·上下经》同，《易繇阴阳卦》二篇，与《周易》略同，《繇辞》则异。《卦下易经》一篇，似说卦而异。《公孙段》二篇，公孙段与邵陟论《易》。《国语》三篇，言楚晋事。《名》三篇，似《礼记》，又似《尔雅》。《论语》《师春》一篇，书《左传》诸卜筮，师春似是造书者姓名也。《琐语》十一篇，诸国卜梦妖怪相书也。《梁丘藏》一篇，先叙魏之世数，次言丘藏金玉事。《缴书》二篇，论弋射法。《生封》一篇，帝王所封。《大历》二篇，邹子谈天类也。《穆天子传》五篇，言周穆王游行四海，见帝台西王母。《图诗》一篇，书赞之属也。又杂书十九篇，周食田法。《周书》论楚事，周穆王美人盛姬死事。大凡七十五篇，七篇简书折坏，不识名题。冢中又得铜剑一枚，长二尺五寸。漆书皆科斗字。初发冢者烧策照取宝物，及官收之，多烬简断札。文既残缺，不复诠次。

烧策之余，尚有如许多书，恐怕当时诸侯不是人人这样好学罢？魏地入秦，大梁为墟（见《史记·魏世家赞》），历经楚汉，王侯易主，而梁朝在汉之盛犹以多文学贤士闻，梁地风气所流者远矣。

齐以其富更可以致天下贤士，炫于诸侯。《史记·孟荀列传》：

> 自邹衍与齐之稷下先生，如淳于髡、慎到、环渊、接予，田骈、驺奭之徒，各著书，言治乱之事，以干世主，岂可胜道哉？……自如淳于髡以下，皆命曰列大夫，为开第康庄之衢，高门大屋，尊宠之，览天下诸侯宾客，言齐能致天下贤士也……田骈之属皆已死，齐襄王时，而荀卿最为老师。齐尚修列大夫之缺，而荀卿三为祭酒焉。

又《田完世家》：

> 宣王喜文学游说之士，自如邹衍、淳于髡、田骈、接予、慎到、环渊之徒，七十六人，皆赐列第，为上大夫，不治而议论。是以齐稷下学士复盛，且数百千人。（按，言复盛必其前曾盛，然《史记》无明文，不知是在威王时或在姜氏朝？）

战国中期方术文学之士闻名于后者，几乎皆是客游梁朝稷下之人（试以《汉志·诸子略》各家名称较之），可见这样朝廷与这样风气的关系。荀卿时，齐已一度亡于燕，尚修列大夫之缺，梁安釐王亦在四战之世，还都如此。

十一　独行之士（存目）

十二　坚白异同之辨（存目）

（以上两章非仓卒所能写就，待后补之）

十三　祆祥之重兴与五行说之盛

　　中国古来和一切古国家一样，都是最重巫卜的。即如安阳殷墟出土卜辞数量之多，可知当时无事不卜。到了周世官所职，仍以卜事为先。春秋战国时人民的理性大发达，卜事大废，而一切怪力乱神之说为学者所摈弃。乃战国晚年齐国又以他的民间迷信及他的哲学化的迷信——五行论——渐渐普遍中国，这些东西便是汉朝学问思想的一个开端。当时的明理之儒，对这些东西很愤恨的。《史记·荀子列传》："荀卿嫉浊世之政，亡国乱君相属，不遂大道，而营于巫祝，信祆祥。"《荀子》书中有《非相》等篇，痛论这些物事。《非十二子篇》中排五行论，正是对这种风气而发，不过把造作五行论的罪加在子思孟轲身上，大约是冤枉他们俩了。

　　阴阳之教，五行之论，消息之说，封禅之事，虽由秦皇汉武之培植而更盛，然秦皇汉武也只是取当时民间的流行物而好尚之，不是有所创造。《汉·志》中所录关于这一类的东西极多，不过现在都不存在，所以这一派在汉之极盛虽是一件显然的事实，而这些齐学之原由，除《史记》论邹衍的一段外，竟无材料可考，我们只知道他是战国末年已成就的一种大风气罢了。

十四　所谓"杂家"

　　《汉·志》列杂家一门，其叙论曰："兼儒墨，合名法，知国体之有此，见王治之无不贯。"按，杂而曰家，本不词，但《吕览》既创此体，而《淮南》述之，东方朔等著论又全无一家之归，则兼儒墨合名法而成一家书之现象，在战国晚年已成一段史实。《吕氏春秋》一书，即所谓八览、六论、十二纪之集合者，在思想上全没有一点创作，体裁乃是后来人类书故事集之祖。现在战国子家流传者，千不得一，而《吕览》取材之渊源，还有好些可以找到的。这样著书法在诸子的精神上是一种腐化，因为儒家果然可兼，名法果然可合，诸子果无不可贯的话，则诸子固已"挫其锐，解其纷，和其光，同其尘"了。稷下诸子不名一家，而各自著其书，义极相反，"府主"并存而不混之，故诸子各尽其长。这个阳翟大贾的宾客，竟为吕氏做这么一部赝书，故异说各存其短。此体至《淮南》而更盛，而《淮南书》之矛盾乃愈多。因吕氏究竟不融化，尚不成一种系统论，孔墨并被称者，以其皆能得众，皆为后世荣之，德容所以并论者，以其兼为世主大人所乐听，此尚是超乎诸子之局外，立于世主大人之地位，而欣赏诸子者。若《淮南》书，则诸子局外之人，亦强入诸子之内，不复立于欣赏辩说之客者地位，而更求融化得成一系统论。《吕览》这部书在著书体裁上是个创作，盖前于《吕览》者，只闻著篇不闻著成系统之一书。虽慎子著《十二论》以《齐物》为始，仿佛像是一个系统论，但慎子残文见于《庄子》等书者甚少，我们无以见他的《十二论》究竟原始要终系统到什么地步。自吕氏而后，汉朝人著文，乃造系统，于是篇的观念进而为书的观念。《淮南》之书，子长之史，皆从此一线之体裁。

《吕氏》《淮南》两书，自身都没有什么内含价值，然因其为"类书"，保存了不少的早年材料，所以现在至可贵。犹之乎《北堂书钞》《艺文类聚》《太平御览》等书，自身都是无价值的，其价值在其保存材料。《永乐大典》的编制法，尤其不像一部书，然古书为他保存了不少。

十五　预述周汉子家衔接之义

周、汉诸子是一气，不能以秦为断，是一件再明显没有的事实。盖入秦而实行的政策如焚书，入汉而盛行的风气，如齐学之阴阳五行，如老子学，如黄帝各论，如神仙，如诸子的淆杂，无不在战国晚年看到一个端绪。而战国各种风气到了汉朝，差不多还都有后世，如儒墨，如名法，如辩士之好尚，乃至纵横，应该是随分裂之歇息而止的了，却反不然，直到武帝朝主父偃尚为纵横长短之术。盖诸子学风气之转移在汉武帝时，武帝前虽汉家天下已七八十年，仍是由战国风流而渐变，武帝以后，乃纯入一新局面。果然以秦为断，在诸子学，在文籍学，乃至在文词学，都讲不通的。不过做文学史的讲义时，不能不迁就时代，所以此论以战国为限者，只为编书之方便，并非史实之真象。

　　附记：此篇必须与下篇《战国诸子文籍分析》
参看，方得持论之义。

史学方法导论

拟　　目

联经版《傅斯年全集》原编者按：此为傅先生任教北京大学时之讲义稿。原书凡七讲，今仅存第四讲，姑以付印。他日访得所缺各篇时，当再补入。

史料论略

我们在上章讨论中国及欧洲历史学观念演进的时候，已经归纳到下列的几个结论：

一、史的观念之进步，在于由主观的哲学及伦理价值论变做客观的史料学。

二、著史的事业之进步，在于由人文的手段，变做如生物学地质学等一般的事业。

三、史学的对象是史料，不是文词，不是伦理，不是神学，并且不是社会学。史学的工作是整理史料，不是作艺术的建设，不是做疏通的事业，不是去扶持或推倒这个运动，或那个主义。

假如有人问我们整理史料的方法，我们要回答说：第一是比较不同的史料，第二是比较不同的史料，第三还是比较不同的史料。假如一件事只有一个记载，而这个记载和天地间一切其他记载（此处所谓记载，不专指文字，犹史料之不以文字为限）不相干，则对这件事只好姑信姑疑，我们没有法子去对他做任何史学的工夫。假如天地间事都是这样，则没有一切科学了，史学也是其一。不过天地间事并不如此。物理化学的事件重复无数，故可以试验，地质生物的记载每有相互的关系，故有归纳的结论。历史的事件虽然一件事只有一次，但一个事件既不尽止有一个记载，所以这个事件在或种情形下，可以比较而得其近真；好几件的事情又每每有相关联的地方，更可以比较而得其头绪。

在中国详述比较史料的最早一部书，是《通鉴考异》。这是司马君实领导着刘攽、刘恕、范祖禹诸人做的。这里边可以看出史学方法的成熟和整理史料的标准。在西洋则这方法的成熟后了好几百年，到十七八世纪，这方法才算有自觉的完成了。

史学便是史料学：这话是我们讲这一课的中央题目。史料学便是比较方法之应用：这话是我们讨论这一篇的主旨。但史料是不同的，有来源的不同，有先后的不同，有价值的不同，有一切花样的不同。比较方法之使用，每每是"因时制宜"的。处理每一历史的事件，每每取用一种特别的手段，这手段在宗旨上诚然不过是比较，在迎合事体上却是甲不能转到乙，乙不能转到丙，丙不能转到丁……徒然高揭"史学的方法是以科学的比较为手段，去处理不同的记载"一个口号，仍不过是"托诸空言"；何如"见诸实事之深切著明"呢？所以我们把这一篇讨论分做几节，为每节举一个或若干个的实例，以见整理史料在实施上的意义。

第一章　史料之相对的价值

第一节　直接史料对间接史料

史料在一种意义上大致可以分做两类：一、直接的史料；二、间接的史料。凡是未经中间人手修改或省略或转写的，是直接的史料；凡是已经中间人手修改或省略或转写的，是间接的史料。《周书》是间接的材料，毛公鼎则是直接的；《世本》是间接的材料（今已佚），卜辞则是直接的;《明史》是间接的材料，明档案则是直接的。以此类推。有些间接的材料和直接的差不多，例如《史记》所记秦刻石；有些便和直接的材料成极端的相反，例如《左传》《国语》中所载的那些语来语去。自然，直接的材料是比较最可信的，间接材料因转手的缘故容易被人更改或加减；但有时某一种直接的材料也许是孤立的，是例外的，而有时间接的材料反是前人精密归纳直接材料而得的：这个都不能一概论断，要随时随地的分别着看。

直接史料的出处大致有二：一、地下，二、古公廨、古庙宇及世家之所藏。不是一切东西都可在地下保存的，而文字所凭的材料，在后来的，几乎全不能在地下保存，如纸如帛。在早年的幸而所凭藉者是骨，是金，是石，是陶，是泥；其是竹木的，只听见说在干燥的西域保存着，在中国北方的天气，已经很不适于保存这些东西于地下。至于世家，中国因为久不是封建的国家，所以是很少的，公廨庙宇是历经兵火匪劫的。所以敦煌的巨藏有一不有二，汲冢的故事一见不再见。竹书一类的东西，我也曾对之"寤寐思服"，梦想洛阳周冢，临淄齐冢，安知不如魏安僖王冢？不过洛阳陵墓已为官匪合作所盗尽，临淄滨海，气候较湿，这些梦想未必能实现于百一罢？直接材料的来源有些限制，所以每有偏重的现象。如《殷卜辞》所记，"在祀与戎"，而无政事。周金文偏记光宠，少记事迹。敦煌卷子少有全书。（其实敦煌卷子只可说是早年的间接材料，不得谓为直接材料。）明清内阁大库档案，都是些"断烂朝报"。若是我们不先对于间接材料有一番细工夫，这些直接材料之意义和位置，是不知道的；不知道则无从使用。所以玩古董的那么多，发明古史的何以那么少呢？写钟鼎的那么多，能藉殷周文字以补证经传的何以只有许瀚、吴大澂、孙诒让、王国维几个人呢？何以翁方纲、罗振玉一般人都不能呢？（《殷墟书契考释》一书，原是王国维作的，不是罗振玉的。）珍藏唐写本的那么多，能知各种写本的互相位置者何以那么少呢？直接材料每每残

81

缺，每每偏于小事，不靠较为普通、略具系统的间接材料先作说明，何从了解这一件直接材料？所以持区区的金文，而不熟读经传的人，只能去做刻图章的匠人；明知《说文》有无穷的毛病，无限的错误，然而丢了他，金文更讲不通。

以上说直接材料的了解，靠间接材料做个预备，做个轮廓，做个界落。然而直接材料虽然不比间接材料全得多，却比间接材料正确得多。一件事经过三个人的口传便成谣言，我们现在看报纸的记载，竟那么靠不住。则时经百千年，辗转经若干人手的记载，假定中间人并无成见，并无恶意，已可使这材料全变一番面目；何况人人免不了他自己时代的精神：即免不了他不自觉而实在深远的改动。一旦得到一个可信的材料，自然应该拿他去校正间接史料。间接史料的错误，靠他更正；间接史料的不足，靠他弥补；间接史料的错乱，靠他整齐；间接史料因经中间人手而成之灰沉沉样，靠他改给一个活泼泼的生气象。我们要能得到前人所得不到的史料，然后可以超越前人；我们要能使用新得材料于遗传材料上，然后可以超越同见这材料的同时人。那么以下两条路是不好走的：

一、只去玩弄直接材料，而不能把他应用到流传的材料中。例如玩古董的，刻图章的。

二、对新发见之直接材料深固闭拒的，例如根据秦人小篆，兼以汉儒所新造字，而高谈文始，同时说殷墟文字是刘铁云假造的章太炎。

标举三例，以见直接间接史料之互相为用。

例一　王国维君《殷卜辞中所见先公先王考》

王静安君所作《殷卜辞中所见先公先王考》两篇（《观堂集林》卷九），实在是近年汉学中最大的贡献之一。原文太长，现在只节录前篇的"王亥""王恒""上甲"三节，下篇的"商先王世数"一节，以见其方法。其实这个著作是不能割裂的，读者仍当取原书全看。

王君拿直接的史料，用细密的综合，得了下列的几个大结果。一、证明《史记》袭《世本》说之不虚构；二、改正了《史记》中所有由于传写而生的小错误；三、于间接材料之矛盾中（《汉书》与《史记》），取决了是非。这是史学上再重要不过的事。至于附带的发见也多。假如王君不熟习经传，这些材料是不能用的；假如熟习经传者不用这些材料，经传中关涉此事一切语句之意义及是非是不能取决的。那么，王君这个工作，正可为我们上节所数陈的主旨作一个再好不过的实例。

王亥

卜辞多记祭王亥事，《殷墟书契前编》有二事，曰"贞煑于王亥"（卷一第四十九叶），曰"贞之于

83

王亥，册牛，辛亥用"（卷四第八叶），《后编》中又有七事，曰"贞于王亥求年"（卷上第一叶），曰"乙巳卜□贞之于王亥十"（下阙。同上，第十二叶），曰"贞燎于王亥"（同上第十九叶），曰"燎于王亥"（同上第二十三叶），曰"癸卯□贞□□高祖王亥□□□"（同上第二十一叶），曰"甲辰卜□贞，来辛亥燎于王亥，册牛，十二月"（同上第二十三叶），曰"贞登王亥羊"（同上第二十六叶），曰"贞之于王亥□三百牛"（同上第二十八叶）。《龟甲兽骨文字》有一事曰"贞燎于王亥，五牛"（卷一第九叶）。观其祭日用辛亥，其牲用五牛，三十牛，四十牛，乃至三百牛，乃祭礼之最隆者，必为商之先王先公无疑。案：《史记·殷本纪》及《三代世表》商先祖中无王亥，惟云："冥卒，子振立；振卒，子微立。"《索隐》"振，《系本》作核"，《汉书·古今人表》作垓。然则《史记》之振当为核，或为垓字之讹也。《大荒东经》曰："有璃民国，句姓而食，有人曰王亥。两手操鸟，方食其头。王亥托于有易河伯仆牛，有易杀王亥，取仆牛。"郭璞注引《竹书》曰："殷王子亥，宾于有易而淫焉，有易之君绵臣杀而放之。是故殷主甲微假师于河伯以伐有易，克之，遂杀其君绵臣也（此《竹书纪年》真本，郭氏隐括之如此）。"今本《竹书纪年》："帝泄十二年，殷侯子亥宾于有易，有易杀而放之。十六年，殷侯微以河伯之师伐有易，杀其君绵臣。"是《山海经》之王亥。古本《纪年》作殷王子亥，今本作殷侯子亥。又前于上甲微者一世，则为殷之先祖冥之子、微之父，无疑。卜辞作王亥，正与《山海经》同。又祭王亥皆以亥日，则亥乃其正字，《世本》作核，《古今人表》作垓，皆其通假字；《史记》作振，则因与核或垓二字形近而讹。夫《山海经》一书，其文不雅驯，其中人物，世亦以子虚乌有视之，《纪年》一书，亦非可尽信者。而王亥之名竟于卜辞见之，其事虽未必尽然，而其人则确非虚构。可知古代传说存于周秦之间者，非绝无根据也。

王亥之名及其事迹，非徒见于《山海经》《竹书》，周秦间人著书多能道之。《吕览·勿躬篇》："王冰作服牛。"案，篆文冰作仌，与亥字相似，王仌亦王亥之讹。《世本·作篇》"胲作服牛"，（《初学记》卷二十九引，又《御览》八百九十九引《世本》，"鲧作服牛"，鲧亦胲之讹。《路史》注引《世本》"胲为黄帝马医，常医龙"。疑引宋衷注。《御览》引宋注曰"胲，黄帝臣也，能驾牛"，又云"少昊时人，始驾牛"。皆汉人说，不足据。实则《作篇》之胲，即《帝系篇》之核也。）其证也。服牛者，即《大荒东经》之仆牛，古服、仆同音。《楚辞·天问》："该秉季德，厥父是臧，胡终弊于有扈，牧夫牛羊？"又曰："恒秉季德，焉得夫朴牛？"该即胲，有扈即有易（说见下），朴牛亦即服牛。是《山海经》《天问》《吕览》《世本》皆以王亥为始作服牛之人。盖夏初奚仲作车，或尚以人挽之，至相土作乘马，王亥作服牛，而车之用益广。《管子·轻重戊》云："殷人之王，立帛牢服牛马以为民利，而天下化之。"盖古之有天下者，其先皆有大功德于天下。禹抑鸿水，稷降嘉种，爰启夏周。商之相土、王亥，盖亦其俦。然则王亥祀典之隆，亦以其为制作之圣人，非徒以其为先祖，周秦间王亥之传说，胥由是起也。

卜辞言王亥者九，其二有祭日，皆以辛亥，与祭大乙用乙日、祭大甲用甲日同例，是王亥确为殷人以辰为名之始，犹上甲微之为以日为名之始也。然观殷人之名，即不用日辰者，亦取于时为多，自契以下，若昭明，若昌若，若冥，皆含朝莫明晦之意，而王恒之名亦取象于月弦。是以时为名或号者，乃殷俗也。夏后氏之以日为名者，有孔甲，有履癸，要在王亥及上甲之后矣。

王恒

卜辞人名，于王亥外又有王𦎟。其文曰"贞之于王𦎟"（《铁云藏龟》第一百九十九叶及《书契后编》卷上第九叶）。又曰"贞𠂤之于王𦎟"（《后编》卷下第七叶）。又作"王𦎟，曰"贞王𦎟囗"（下阙，《前编》卷七第十一叶）。案，𦎟即恒字。《说文解字》二部："恒，常也，从心，从舟在二之间，上下心以舟施恒也。𣰚，古文恒，从月，《诗》曰：'如月之恒。'"案，许君既云古文恒从月，复引《诗》以释从月之意，而今本古文乃作𣰚，从二从古文外，盖传写之讹字，当作𠄧。又《说文》木部："楰，竟也，从木，恒声。𣚄，古文楰。"案，古从月之字，后或变而从舟，殷墟卜辞，朝莫之朝作𩇨（《后编》卷下第三叶），从日月在茻间，与莫字从日在茻间同意，而篆文作朝，不从月而从舟。以此例之，𣚄本当作𠄧。智鼎有𠅘字，从心从𠄧，与篆文之恒从𠄧者同，即恒之初字，可知𣚄、𠄧一字。卜辞𦎟字从二从☽（卜辞月字或作☽或作☾），其为𠄧、𣚄二字或恒字之省无疑。其作𦎟者，《诗·小雅》"如月之恒"。毛传"恒，弦也"。弦本弓上物，故字又从弓。然则𦎟、𦎟二字确为恒字。王恒之为

87

殷先祖，惟见于《楚辞·天问》。《天问》自"简狄在台誉何宜"以下二十韵，皆述商事（前夏事后周事）。其问王亥以下数世事曰："该秉季德，厥父是臧。胡终弊于有扈，牧夫牛羊？干协时舞，何以怀之？平胁曼肤，何以肥之？有扈牧竖，云何而逢？击床先出，其命何从？恒秉季德，焉得夫朴牛？何往营班禄，不但还来？昏微遵迹，有狄不宁，何繁鸟萃棘，负子肆情？眩弟并淫，危害厥兄，何变化以作诈，后嗣而逢长？"此十二韵以《大荒东经》及郭注所引《竹书》参证之，实纪王亥、王恒及上甲微三世之事，而《山海经》《竹书》之"有易"，《天问》作"有扈"，乃字之误。盖后人多见有扈，少见有易，又同是夏时事，故改易为扈。下文又云："昏微遵迹，有狄不宁。"昏微即上甲微，有狄亦即有易也。古狄、易二字同音，故互相通假。《说文解字》辵部，逖之古文作逷。《书·牧誓》"逖矣西土之人"，《尔雅》郭注引作"逷矣西土之人"。《书·多士》"离逷尔土"，《诗·大雅》"用逷蛮方"，《鲁颂》"狄彼东周"。《毕狄钟》"毕狄不龚"，此逖、逷、狄三字，异文同义。《史记·殷本纪》之简狄，《索隐》曰"旧本作易"，《汉书·古今人表》作简逷。《白虎通·礼乐篇》"狄者，易也"，是古狄、

易二字通，有狄即有易。上甲遵迹而有易不宁，是
王亥弊于有易，非弊于有扈，故曰扈当为易字之误
也。狄、易二字不知孰正孰借，其国当在大河之北，
或在易水左右（孙氏之骏说）。盖商之先，自冥治
河，王亥迁殷（今本《竹书纪年》，帝芒三十三年，
商侯迁于殷，其时商侯即王亥也。《山海经》注所
引真本《竹书》，亦称王亥为殷王子。亥称殷，不
称商，则今本《纪年》此条，古本想亦有之。殷在
河北，非亳殷，见余撰《三代地理小记》），已由商
丘越大河而北，故游牧于有易高爽之地，服牛之
利，即发见于此。有易之人乃杀王亥，取服牛，所
谓"胡终弊于有扈，牧夫牛羊"者也。其云"有扈
牧竖，云何而逢，击床先出，其命何从"者，似记
王亥被杀之事。其云"恒秉季德，焉得夫朴牛"者，
恒盖该弟，与该同秉季德，复得该所失服牛也。所
云"昏微遵迹，有狄不宁"者，谓上甲微能率循其
先人之迹，有易与之有杀父之雠，故为之不宁也。
"繁鸟萃棘"以下，当亦记上甲事，书阙有间，不
敢妄为之说，然非如王逸《章句》所说解居父及象
事，固自显然。要之，《天问》所说，当与《山海
经》及《竹书纪年》同出一源，而《天问》就壁画
发问，所记尤详，恒之一人，并为诸书所未载。卜

89

辞之王恒与王亥，同以王称，其时代自当相接。而
《天问》之亥与恒，适与之相当，前后所陈，又皆
商家故事，则中间十二韵自系述王亥、王恒、上甲
微三世之事。然则王亥与上甲微之间，又当有王恒
一世。以《世本》《史记》所未载，《山经》《竹书》
所不详，而今于卜辞得之。《天问》之辞，千古不
能通其说者，而今由卜辞通之，此治史学与文学者
所当同声称快者也。

上甲

《鲁语》："上甲微能帅契者也，商人报焉"，是
商人祭上甲微，而卜辞不见上甲。郭璞《大荒东经》
注引《竹书》作"主甲微"，而卜辞亦不见主甲。
余由卜辞有▨、▨、▨三人名，其乙、丙、丁三
字皆在匸或匚中，而悟卜辞中凡数十见之⊞（或
作⊞），即上甲也。卜辞中凡田狩之田字，其口中
横直二笔皆与其四旁相接，而人名之⊞，则其中
横直二笔或其直笔必与四旁不接，与田字区别较然。
⊞中十字，即古甲字（卜辞与古金文皆同）。甲在
□中，与▨、▨、▨之乙、丙、丁三字在匸或匚
中同意。亦有□中横直二笔与四旁接而与田狩字无
别者，则上加一作⊞以别之。上加一者，古六书中

90

指事之法，一在⊞上，与二字（古文上字）之一
在一上同意，去上甲之义尤近。细观卜辞中记⊞
或⊞者数十条，亦惟上甲微始足当之。卜辞中云
"自⊞（或作⊞）至于多后衣"者五（《书契前编》
卷二第二十五页三见，又卷三第二十七页，《后编》
卷上第二十页各一见），其断片云"自⊞至于多后"
者三（《前编》卷二第二十五页两见，又卷三第
二十八页一见），云"自⊞至于武乙衣"者一（《后
编》卷上第二十页）。衣者，古殷祭之名。又卜辞曰
"丁卯贞，来乙亥告自⊞"（《后编》卷上第二十八
页）；又曰"乙亥卜宾贞，□大御自⊞"（同上，
卷下第六页）。又曰"（上阙）贞，翌甲□⊞自⊞
"（同上，第三十四页）。凡祭告皆曰"自⊞"，是
⊞实居先公先王之首也。又曰"辛巳卜大贞之自
⊞元示三牛，二示一牛，十三月"（《前编》卷三
第二十二页）。又云"乙未贞，其求自⊞十又三示
牛，小示羊"（《后编》卷上第二十八页），是⊞为
元示及十有三示之首。殷之先公称示，主壬、主癸，
卜辞称示壬、示癸，则⊞又居先公之首也。商之
先人王亥始以辰名，上甲以降皆以日名，是商人数
先公当自上甲始，且⊞之为上甲，又有可征证者。
殷之祭先，率以其所名之日祭之，祭名甲者用甲

91

日，祭名乙者用乙日，此卜辞之通例也。今卜辞中凡专祭田者皆用甲日，如曰"在三月甲子□祭田"（《前编》卷四第十八页），又曰"在十月又一（即十有一月）甲申□肜祭田"（《后编》卷下第二十页），又曰"癸卯卜翌甲辰之田牛吉"（同上，第二十七页），又曰"甲辰卜贞，来甲寅又伐田羊五卯牛一"（同上，第二十一页）。此四事，祭田有日者，皆用甲日。又云"在正月□□（此二字阙）祭大甲田田"（同上，第二十一页），此条虽无祭日，然与大甲同日祭，则亦用甲日矣。即与诸先王先公合祭时，其有日可考者，亦用甲日。如曰"贞，翌甲□田自田"（同上），又曰"癸巳卜贞，肜肜日自田至于多后衣，亡它，自□在四月，惟王二祀"（《前编》卷三第二十七页），又曰"癸卯王卜贞，肜翌日自田至多后衣，亡它，在□在九月，惟王五祀"（《后编》卷上第二十页）。此二条以癸巳及癸卯卜，则其所云之肜日、翌日，皆甲日也。是故田之名甲，可以祭日用甲证之。田字为十（古甲字）在□中，可以田、田、田三名乙、丙、丁在匚中证之，而此甲之即上甲，又可以其居先公先王之首证之。此说虽若穿凿，然恐殷人复起，亦无易之矣。《鲁语》称商人"报上甲微"，《孔丛子》

92

引《逸书》"惟高宗报上甲微"（此魏晋间伪书之未
采入梅本者，今本《竹书纪年》武丁十二年报祀上
甲微，即本诸此）。报者盖非常祭。今卜辞于上甲，
有合祭，有专祭，皆常祭也。又商人于先公皆祭，
非独上甲，可知周人言殷礼已多失实，此孔子所以
有文献不足之叹欤！

商先王世数

《史记·殷本纪》《三代世表》及《汉书·古今
人表》所记殷君数同，而于世数则互相违异。据
《殷本纪》，则商三十一帝（除大丁为三十帝），共
十七世。《三代世表》以小甲、雍己、大戊为大庚
弟（《殷本纪》大庚子），则为十六世。《古今人表》
以中丁、外壬、河亶甲为大戊弟（《殷本纪》大戊
子），祖乙为河亶甲弟（《殷本纪》河亶甲子），小
辛为盘庚弟（《殷本纪》盘庚子），则增一世，灭二
世，亦为十六世。今由卜辞证之，则以《殷本纪》
所记为近。案，殷人祭祀中，有特祭其所自出之先
王，而非所自出之先王不与者。前考所举"求祖
乙（小乙）、祖丁（武丁）、祖甲、康祖丁（庚丁）、
武乙衣"，其一例也。今检卜辞中又有一断片，其
文曰"（上阙）大甲、大庚（中阙）、丁、祖乙、祖

93

（中阙）一、羊一，南"（下阙，共三行，左读，见《后编》卷上第五页），此片虽残阙，然于大甲、大庚之间不数沃丁，中丁（中字直笔尚存）、祖乙之间不数外壬、河亶甲，而一世之中仅举一帝，盖亦与前所举者同例。又其上下所阙，得以意补之如左。

由此观之，则此片当为盘庚、小辛、小乙三帝时之物，自大丁至祖丁皆其所自出之先王，以《殷本纪》世数次之，并以行款求之，其文当如是也。惟据《殷本纪》，则祖乙乃河亶甲子，而非中丁子，今此片中有中丁而无河亶甲，则祖乙自当为中丁子，《史记》盖误也。且据此则大甲之后有大庚，则大戊自当为大庚子，其兄小甲、雍己亦然，知《三代世表》以小甲、雍己、大戊为大庚弟者，非矣。大戊之后有中丁，中丁之后有祖乙，则中丁、外壬、河亶甲自当为大戊子，祖乙自当为中丁子，知《人表》以中丁、外壬、河亶甲、祖乙皆为大戊弟者非矣。卜辞又云"父甲一牡、父庚一牡、父辛一牡"（《后编》卷上第二十五页），甲为阳甲，庚则盘庚，辛则小辛，皆武丁之诸父，故曰父甲、父庚、父辛，则《人表》以小辛为盘庚子者非矣。凡此诸证，皆与《殷本纪》合，而与《世表》《人表》不合。是故殷自小乙以上之世数，可由此二片证之，小乙以下之世数，可由祖乙、祖丁、祖甲、康祖丁、武乙一条证之。考古者得此，可以无遗憾矣。

附殷世数异同表

帝名	《殷本纪》	《三代世表》	《古今人表》	卜辞
汤	主癸子	主癸子	主癸子	（一世）
大丁	汤子	汤子	汤子	汤子（二世）
外丙	大丁弟	大丁弟	大丁弟	
中壬	外丙弟	外丙弟	外丙弟	
大甲	大丁子	大丁子	大丁子	大丁子（三世）
沃丁	大甲子	大甲子	大甲子	
大庚	沃丁弟	沃丁弟	沃丁弟	大甲子（四世）
小甲	大庚子	大庚弟	大庚子	
雍己	小甲弟	小甲弟	小甲弟	
大戊	雍己弟	雍己弟	雍己弟	大庚子（五世）

中丁	大戊子	大戊子	大戊弟	大戊子（六世）
外壬	中丁弟	中丁弟	中丁弟	
河亶甲	外壬弟	外壬弟	外壬弟	
祖乙	河亶甲子	河亶甲子	河亶甲弟	中丁子（七世）
祖辛	祖乙子	祖乙子	祖乙子	祖乙子（八世）
沃甲	祖辛弟	祖辛弟	祖辛弟	
祖丁	祖辛子	祖辛子	祖辛子	祖辛子（九世）
南庚	沃甲子	沃甲子	沃甲子	
阳甲	祖丁子	祖丁子	祖丁子	祖丁子（十世）
盘庚	阳甲弟	阳甲弟	阳甲弟	阳甲弟（十世）
小辛	盘庚弟	盘庚弟	盘庚子	盘庚弟（十世）
小乙	小辛弟	小辛弟	小辛弟	小辛弟（十世）
武丁	小乙子	小乙子	小乙子	小乙子（十一世）
祖庚	武丁子	武丁子	武丁子	武丁子（十二世）
祖甲	祖庚弟	祖庚弟	祖庚弟	祖庚弟（十二世）
廪辛	祖甲子	祖甲子	祖甲子	
庚丁	廪辛弟	廪辛弟	廪辛弟	祖甲子（十三世）
武乙	庚丁子	庚丁子	庚丁子	庚丁子（十四世）
文丁	武乙子	武乙子	武乙子	
帝乙	大丁子	大丁子	大丁子	
帝辛	帝乙子	帝乙子	帝乙子	

例二　陈寅恪君《吐蕃彝泰赞普名号年代考》

例一所举虽系史学上之绝大问题，然或有人嫌其多半仍是文字学的问题，不是纯粹史学的问题（其实史学语学是全不能分者）。现在更举一个纯粹史学的考定。我的朋友陈寅恪先生，在汉学上的素养不下钱晓徵，更能通习西方古今语言若干种，尤精梵藏经典。近著《吐蕃彝泰赞普名号年代考》一文，以长庆唐蕃会盟碑为根据，"千年旧史之误书，异国译音之讹读，皆赖以订"。此种异国古文之史料至不多，而能使用此项史料者更属至少，苟其有之，诚学术中之快事也。文不长，兹全录之如下：

《吐蕃彝泰赞普名号年代考》（《蒙古源流》研究之一）（《国立中央研究院历史语言研究所集刊》第二本第一分）

小彻辰萨囊台吉著《蒙古源流》，其所纪土伯特事，盖本之西藏旧史。然取新、旧《唐书·吐蕃传》校其书，则赞普之名号，往往不同，而年代之后先，相差尤甚。夫中国史书述吐蕃事，固出于唐室当时故籍，西藏志乘，虽间杂以宗教神话，但历代赞普之名号世系，亦必有相传之旧说，决不尽为臆造。今唐蕃两地载籍互相差异，非得书册以外之实物以资考证，则无以判别二者之是非，兼解释其差异之所由来也。

《蒙古源流》卷二云"穆迪子藏（坊刊本作减，误）玛、达尔玛、持（坊刊本作特，误）松垒、罗垒、伦多卜等，兄弟五人。长子藏玛出家，次子达尔玛持松（松下略一垒字，满文本已如是。）自前岁戊子纪二千九百九十九年之丙戌年所生。岁次戊戌年十三岁，众大臣会议辅立即位，岁次辛酉年三十六岁，殁。汗无子，其兄达尔玛即位"云云。按，小彻辰萨囊台吉以释迦牟尼佛涅槃后一岁为纪元。据其所推算，佛灭度之年，为西历纪元前二千一百三十四年，故其纪元前之戊子元年为西历纪元前二千一百三十三年。其所谓"自前戊子纪二千九百九十九年之丙戌年"，即西历纪元后八百六十六年，唐懿宗咸通七年。戊戌年即西历纪元后八百七十八年，唐僖宗乾符五年。辛酉年即西历纪元后九百零一年，唐昭宗天复元年。惟《蒙古源流》此节所纪达尔玛、持松垒赞普之名号年代，皆有讹误。兹先辨正其名号，兼解释其差异之所由来，然后详稽其年代之先后，以订正唐蕃两地旧史相传之讹误，或可为治唐史者之一助欤？

名号之讹误有二：一为误联二名为一名，一为承袭蒙古文旧本字形之讹而误读其音。

何谓误联二名为一名？按《唐书·吐蕃传》："赞普（指可黎可足，即彝泰赞普）立几三十年。死。以弟达磨嗣。"《资治通鉴考异》卷二十一《唐纪》十三文宗开成三年，吐蕃彝泰赞普卒，弟达磨立条云："彝泰卒及达磨立，《实录》不书。《旧传》《续会要》皆无之，今据《补国史》。"坊刊本《蒙古源流》卷二："汗（指持松垒）无子，其兄达尔玛，癸未年所生，岁次壬戌，年四十岁，即位。因其从前在世为象时，曾设恶愿，二十四年之间，恶习相沿，遂传称为天生邪妄之朗达尔玛。"（按，藏语谓象为朗 glan。）又藏文嘉刺卜经 Rgyal-rabs 者（闻中国有蒙文刊本，予未见），本书译本子注及《四库总目提要》，皆言其与小彻辰萨囊台吉所纪述多相符合。今据 Emil Schalgintweit 本《嘉刺卜经》藏文原文第十二页第十二行，其名亦为 Glan-darma，即本书之朗达尔玛也。而本书之持松垒，在嘉刺卜经则称为 ral-pa-chan，与朗达玛为二人，章章明甚。又乾隆中敕译中文《首楞严经》为藏文时，章嘉胡图克图言此经西藏古译本为五百年前之浪达尔玛汗所毁灭云云（见《清高宗御制文集·藏译楞严经序》），持松垒与达尔玛孰为兄弟，及浪达尔玛汗是否生于乾隆前五百年，以至《首楞严经》乾隆以前有无藏文译本，皆不必论，而持松垒与达尔玛之为二人，则中国史籍、《蒙古源流》本书及西藏历世相传之旧说，无不如是。今景阳宫所藏《蒙古源流》满文译本，误联达尔玛、持松垒二名为一名，此必当日满文译者所据喀尔喀亲王成衮札布进呈之蒙文本，已有此误，以致辗转传讹，中文译本遂因而不改，即彭楚克林沁所校之中文译本（曾见江安傅氏转录本），亦误其句读。以予所见诸本，惟施密德氏 Isaac Jacob Schmidt 之蒙文校译本，二名分列，又未省略，实较成衮札布本为佳也。

何谓承袭蒙文旧本字形之讹而误读其音？此赞普名号诸书皆差异，今据最正确之实物，即拉萨长庆唐蕃会盟碑碑阴吐蕃文（据前北京大学研究所国学门所藏缪氏艺风堂拓本）补正其省略讹误，并解释其差异之所由来焉。

按长庆唐蕃会盟碑碑阴吐蕃文首列赞普名号，末书唐长庆及蕃彝泰纪元，其所载赞普之名号为 Khri-gtsug ldebrtsan。近年西北发见之藏文写本亦同（见 F.W.Thomas : Tibetan Documents concerning Chinese Turkestan PP.71.72.76. Journal of the Royal Asiatic Society of Great Britain and Ireland，Jaa.

1928）。兹取此碑碑阴蕃文，历校诸书，列其异同于左。

《新唐书·吐蕃传》："元和十二年赞普死，可黎可足立为赞普。"按可黎可足即碑文之 Khri-gtsug，其下之 ldebrtsan 则从省略，且据此可知当时实据藏文之复辅音而对音也。

《资治通鉴》卷二百三十九唐纪五十五："宪宗元和十一年二月，西川奏吐蕃赞普卒，新赞普可黎可足立。"又卷二百四十六唐纪六十二："文宗开成三年吐蕃彝泰赞普卒，弟达磨立。"按会盟碑碑阴末数行吐蕃年号为 Skyid-rtag，即彝泰之义，然则可黎可足之号为彝泰赞普者实以年号称之也。

《菩提末》（Bodhimör）此书纪赞普世系，实出于藏文之《嘉刺卜经》，据施密德氏蒙文《蒙古源流》校译本第三百六十页所引《菩提末》之文，此赞普之名为 Thi-aTsong-lTe-bDsan。按此书原文予未见，此仅据施密德氏所转写之拉丁字而言，Thi 者藏文 Khri 以西藏口语读之之对音，严格言之，当作 Thi。lTe 者据会盟碑蕃文应作 lDe，蒙文 dt 皆作 ◖ 形无分别，bDsan 即碑文及西北发见之藏文写本之 brTsan，此乃施密德氏转写拉丁字之不同（藏文古写仅多一 r），非原文之有差异也。惟 atsong 一

101

字，则因蒙文字形近似而讹，盖此字依会盟碑蕃文本，及西北发见之藏文写本，应作 gtsug，蒙文转写藏文之 ꡂ（g）作一形，转写藏文之 ꡠ（a）（或作 h）作 ꡳ 形，ug，ük 作 ꡂ 形，ung 或 ong 作 ꡂ 形，字体极相似故讹。或《菩提末》原书本不误，而读者之误，亦未可知也。

《蒙古源流》施密德校译本　据此本。此赞普名作 Thi-btsonglte，此名略去名末之 brtsan。至 btsong 者，gtsug 之讹读，藏文 ꡂ（g）字，蒙文作 ꡠ，与蒙文の（b）字形近故讹，蒙文之 ug 转为 ük 亦以形近误为 ong，见上文《菩提末》条。

《蒙古源流》满文译本　《蒙古源流》中文译本非译自蒙文，乃由满文而转译者，今成衮扎布进呈之蒙文原本，虽不可得见（予近发见北平故宫博物院藏有《蒙古源流》之蒙文本二种：一为写本，一为刊本。沈阳故宫博物馆亦藏有蒙文本，盖皆据成衮札布本抄写刊印者也）。幸景阳宫尚藏有满文译本，犹可据以校正中文译本也。按满文本，此赞普名凡二见，作 Darmakriltsung-Lui，一作 Darmakribtsung，皆略去 Brtson 字，此名误与达尔玛之名联读，已详上文。惟藏文之 Khri，满文或依藏文复辅音转写，如此名之 Kni 即其例，或依西

102

藏口语读音转写，如持苏陇德灿（Cysurong tetsan）之 Cy（满文ᡄᠶ）即其例，盖其书之对音，先后殊不一致也。ung 乃 ug 转为 ü 之误，见上文《菩提末》条。又藏文 LDe 所以讹成垒者，以蒙文 t 字 d 字皆作 d 形，0 字 u 字皆作 d 形，又 e 字及 i 字结尾之形作 ）及 ᠵ，皆极相似，颇易淆混，故藏文之 LDe，遂讹为满文之 Lui 矣。或者成衮札布之蒙文原本，亦已讹误，满文译本遂因袭而不知改也。

　　文津阁本及坊刊本汉译《蒙古源流》　中文《蒙古源流》既译自满文，故满文译本之误，中文译本亦因袭不改，此二本中，此赞普名一作达尔玛持松垒，一作达尔玛持松，满文 Kri 作持者，依藏文口语读之也。按义净以中文诧为梵文 ṭha 字对音（见高楠顺次郎英译《南海寄归内法传》），则 ṭhi 字固可以满文之ᡄᠶ（cy）字，中文之持字对音。又此本持字俱作特，乃误字，而先后校此书者皆未改正，松字乃满文 Tsung 之对音，其误见上文《菩提末》条。

　　蒙文书社本汉译《蒙古源流》　此本此赞普名一作（达尔玛）哩卜崇垒，一作（达尔玛）持松哩卜崇。第一名作哩者，依满文 Kri 而对哩音，其作卜者，满文译本固有 b 字音也。第二名则持哩二字

103

重声，松崇二字亦至音，殆当时译者并列依原字及依口语两种对音，而传写者杂糅为一，遂致此误软？余见上文。

此赞普之名号既辨正，其年代亦可得而考焉。《唐会要》卷九十七："元和十一年西川奏吐蕃赞普卒，十二年吐蕃告哀使论乞冉献马十四，玉带金器等。"《旧唐书·吐蕃传》："宪宗元和十二年吐蕃以赞普卒来告。"《新唐书》："宪宗元和十二年赞普死，使论乞髯来（告丧），可黎可足立为赞普。"《资治通鉴》卷二百三十九《唐纪》五十五："宪宗元和十一年二月西川奏吐蕃赞普卒，新赞普可黎可足立。"《新唐书·吐蕃传》赞普立（指可黎可足）几三十年，死，以弟达磨嗣。"《资治通鉴》卷二百四十六《唐纪》六十二："文宗开成三年吐蕃彝泰赞普卒，弟达磨立。"《资治通鉴考异》卷二十一《唐纪》十三，会昌二年十二月吐蕃来告达磨赞普之丧，略云："《实录》丁卯吐蕃赞普卒，遣使告丧，赞普立仅三十余年，据《补国史》，彝泰卒后，又有达磨赞普，此年卒者，达磨也。《文宗实录》不书彝泰赞普卒，《旧传》及《续会要》亦皆无达磨，《新书》据《补国史》，疑《文宗实录》阙略，故他书皆因而误。彝泰以元和十一年立，至此二十七年，然开成三年已

104

卒，达磨立至此五年，而《实录》云仅三十年，亦是误以达磨为彝泰也。"《蒙古源流》卷二："持松垒岁次戊戌，年十三岁。众大臣会议辅立即位，在位二十四年，岁次辛酉，三十六岁殁。"据小彻辰萨囊台吉书所用之纪元推之，戊戌为唐僖宗乾符五年，西历纪元后八百七十八年，辛酉年为唐昭宗天复元年，西历纪元后九百零一年。（诸书之文，前已征引，兹再录之以便省览而资比较。）按《蒙古源流》所载年代太晚，别为一问题，姑于此不置论。而诸书所记彝泰赞普嗣立之年，亦无一不误者。何以言之？唐蕃会盟碑碑阴蕃文，唐蕃年号并列，唐长庆元年，当蕃彝泰七年，长庆二年，当彝泰八年，长庆三年，当彝泰九年。又《新唐书·吐蕃传》："长庆二年刘元鼎使吐蕃会盟还，虏元帅尚塔藏馆客大夏川，集东方节度诸将百余，置盟策台上，遍晓之，且戒各保境，毋相暴犯，策署彝泰七年"云云。考《旧唐书·吐蕃传》，长庆元年十月十日命崔植、王播、杜元颖等与吐蕃大将讷罗论等会盟于长安，盟文末有大蕃赞普及宰相钵阐布尚绮心儿等先寄盟文要节之语，则是刘元鼎长庆二年所见虏帅遍晓诸将之盟策，即前岁长庆元年之盟策，故彝泰七年即长庆元年，而非长庆二年。梁曜北玉绳《元号略》及

105

罗雪堂振玉丈重校订《纪元编》，皆据此推算，今证以会盟碑碑阴蕃文，益见其可信。故吐蕃可黎可足赞普之彝泰元年，实当唐宪宗元和十年，然则其即赞普之位至迟亦必在是年。《唐会要》、新、旧《唐书》及《资治通鉴》所载年月，乃据吐蕃当日来告之年月，而非当时事实发生之真确年月也。又《蒙古源流》载此赞普在位二十四年，不知其说是否正确，但宪宗元和十年，即西历纪元后八百十五年，为彝泰元年，文宗开成三年，即西历纪元后八百三十八年，亦即《补国史》所纪可黎可足赞普卒之岁，为彝泰末年，共计二十四年，适相符合。予于《蒙古源流》所纪年岁，固未敢尽信，独此在位二十四年之说，与依据会盟碑等所推算之年代，不期而暗合，似非出于臆造所能也。

综校诸书所载名号年代既多讹误，又复互相违异，无所适从。幸得会盟碑阴残字数行，以资考证，千年旧史之误书，异国译音之讹读，皆赖以订正。然中外学人考证此碑之文，以予所知，尚未有证论及此者，故表而出之，使知此逻逤片石，实为乌斯赤岭（此指拉萨之赤岭而言）之大玉天球，非若寻常碑碣，仅供揽古之士赏玩者可比也。

例三　《集古录》与《潜研堂金石文字跋尾》

以金文证经典虽为较近之事，然以石文校史事，宋朝人已能为之。如欧阳永叔《集古录跋尾》，其中颇有胜义，即如下例，可见其旨趣。

《魏受禅碑》……按，《汉·献帝纪》，延康元年十月乙卯，皇帝逊位，魏王称天子。又按《魏志》，是岁十一月葬士卒死亡者，犹称令。是月丙午（集本作寅），汉帝使张愔奉玺绶，庚午，王升坛受禅，又是月癸酉，奉汉帝为山阳公。而此碑云："十月辛未，受禅于汉。"三家之说皆不同。今据裴松之注《魏志》，备列汉魏禅代诏册书令群臣奏议甚详。盖汉实以十月乙卯策诏魏王，使张愔奉玺绶，而魏王辞让，往返三四，而后受也。又据侍中刘廙奏问太史令许芝，今月十七日己未，可治坛场；又据尚书令桓阶等奏云，辄下太史令，择元辰，今月二十九日，可登坛受命。盖自十日己未，至二十九日，正得辛未。以此推之，汉魏二纪皆缪，而独此碑为是也。《汉纪》乙卯逊位者，书其初命，而略其辞让往返，遂失其实尔。《魏志》十一月癸卯犹称令者，当是十月，衍一字尔。丙午张愔奉玺绶者，辞让往返，容（集本作殆）有之也。惟庚午升坛最为缪尔。癸卯去癸酉三十一日，不得同为十一月，此尤缪也。禅代，大事也，而二纪所书如此，则史官之失，以惑后世者，可胜道哉？

北宋人的史学分析工夫到这个地步，所以才能有《唐书》《通鉴》那样的制作。到了近代顾亭林、朱竹垞等，以石文校史书，时有精论，而钱竹汀"乃尽……出其上，遂为古今金石学之冠"（见《集古录跋尾·王昶序》）。《廿二史考异》《金石文之跋尾》，皆同一意义之工作，现在摘录两条，以见其精诣所至。其实竹汀此书论石各篇，皆是精能之作，原书易得，不复多举。

《后魏孝文帝吊比干文碑阴》：……《北史》太和十九年，诏迁洛人死葬河南，不得还北，于是代人南迁者悉为河南洛阳人。又云，太和二十年正月，诏改姓元氏。今此碑立于太和十八年冬，宗室已系元姓，代人并称河南郡，则史所载岁月恐未得其实矣。诸臣称河南郡者，元氏而外，若丘目陵氏、万忸于氏、侯莫陈氏、乙旃氏、叱罗氏、吐难氏、伊娄氏、独孤氏、拔拔氏、莫耐娄氏，并见《魏书·官氏志》，而译字小有异同。如丘目陵之目作穆，万怃于之万作勿，吐难之吐作土，莫耐娄之耐作那，是也。陆氏本步六孤氏。太和十九年，诏称穆陆贺刘楼于嵇尉八姓，皆太祖已降勋著当世位尽王公者也。穆即丘目陵，于即万怃于，刘即独孤。诸人皆未改氏，而陆昕等已单称陆氏，而陆氏之改又在穆贺诸姓之先矣。大野氏、郁久间氏、俟吕氏，魏志俱失载。以予考之，郁久间乃蠕蠕姓，后亦单称间氏。《周书》太祖赐韩褒姓俟吕陵氏（此《广韵》所引，今本俟讹作俟），当即俟吕氏也。后魏末有南州刺史大野拔，大野亦代北著姓矣。又有俟文福一人，则未知其俟氏欤（《官氏志》俟奴氏后改俟氏），抑别有俟文氏也？若干氏贺拔氏不称河南而称代郡，盖代人之未南迁者。斛律氏称高车部人，虽入处中国，尚未有所隶州县也。冯诞以尚乐安公主拜驸马都尉，此但云驸马而去都尉。从俗称也。史称傅永字脩期，此直云傅脩期，盖以字行也。公孙良据传为燕郡广阳人，此云辽东郡，则举郡望言之。于劲尝为司卫监，李预兼典命下大夫，皆本传所未载。陆昕传作昕之，当以石刻为正。其书姑臧为姑藏，河间为河涧，龙骧为鞞骧，傅脩期作傅脩期，皆当时承用别体字，若万怃于之或作乎，陆希道作怖道，则翻刻之讹。（此段以石文订史所记。）

109

《后魏石门铭》 右《石门铭》，盖述龙骧将军梁秦二州刺史泰山羊祉开通石门之功。《魏书·宣武纪》："正始四年九月甲子，开斜谷旧道。"即其事也。碑云："起四年十月十日，至永平二年正月毕功。"而史书于四年九月者据奉诏之日言之耳。《北史·羊祉传》不书开斜谷道事，此史文之阙漏，当据石刻补之。碑云"皇魏正始元年汉中献地"，即梁天监三年也。是岁夏侯道迁背梁归魏，《梁史》书"魏陷梁州"于二月，当得其实。魏收史书于闰十二月，温公《通鉴》据长历梁置闰在次年正月，后遂移于后一年，非也（订历）。

《唐景龙三年法琬法师碑》 右《法琬法师碑》。法琬，中宗之三从姑，太祖景皇帝之玄孙女也。父临川公德懋，尝官宗正卿，兵部尚书，谥曰孝，皆史所不载。史称永徽二年，襄邑王神符薨。而碑云六年薨，与史不合。据碑，法琬以襄邑王薨之岁奏请出家，时年十有三。垂拱四年卒，春秋卅有九。今以永徽六年年十有三推之，只四十六岁耳。窃意神符薨于永徽二年，史文未必误。其年德懋请舍所爱女为亡父祈福，奉敕听许，而法琬之出家则在其明年，年始十三也。碑以二年为六年，特书者之误尔（此段以史所记订石文）。

110

最近三十年中，缪荃荪、罗振玉、王国维皆于石刻与史传之校正工夫上续有所贡献，然其造诣之最高点，亦不过如钱竹汀而已。

例四　流沙坠简

近来出土之直接史料，可据以校正史传者，尚有西陲所得汉简。此种材料，法人沙畹德人康拉地皆试为考证，而皆无大功，至王静安君手，乃蔚成精美之史事知识。现录其一段如下（《流沙坠简补遗考释》第一页）：

三、晋守侍中大都尉奉晋大侯亲晋鄯善、焉耆、龟兹、疏勒

四、于阗王写下诏书到

右二简文义相属，书迹亦同，实一书之文，前排比简文印本时，尚未知其为一书，故分置两页中，今改正如右。亦行下诏书之辞也。晋守侍中大都尉奉晋大侯亲晋鄯善、焉耆、龟兹、疏勒、于阗王者，若析言之，则当云，晋守侍中大都尉奉晋大侯亲晋鄯善王，晋守侍中大都尉奉晋大侯亲晋焉耆王，以下仿此。盖晋时西域诸国王皆得守侍中大都

尉奉晋大侯位号。以此十字冠于五国王之上，而不一一言之者，文例宜然，亦如亲晋二字之为五国王通号，此人人所易首肯也。案，中国假西域诸国王以官号，自后汉始。《后汉书·西域传》：光武建武五年，河西大将军窦融承制立莎车王康为汉莎车建功怀德王西域大都尉，五十五国皆属焉。十七年，更赐以汉大将军印绶。顺帝永建二年，疏勒王臣磐遣使奉献，帝拜臣磐为与汉大都尉，其子孙至灵帝时犹称之。（案，传但言拜臣磐为汉大都尉，汉字上无与。然下文云，疏勒王与汉大都尉于猎中为其季父和得所射杀，时疏勒王外，非别有汉大都尉，不得言与。疑与汉二字当连读，与汉犹言亲汉也。上云拜臣磐为汉大都尉，汉字上脱与字）《魏略·西戎传》，魏赐车师后部王壹多杂守魏侍中，号大都尉，受魏王印，此西域诸王受中国官号之见于史籍者也。考汉魏时本无大都尉一官，求其名称，实录都护而起。前汉时本以骑都尉都护西域，（见《汉书·百官公卿表》及《甘延寿段会宗传》）后遂略称西域都护。新莽之后，都护败没，故窦融承制拜莎车王康为西域大都尉，使暂统西域诸国，惟不欲假以都护之名，又以西域诸国本各有左右都尉，故名之曰西域大都尉，使其号与西域都护骑都尉相埒云

112

尔。嗣是莎车既衰，而疏勒王称与汉大都尉，魏车师后部王又单称大都尉，皆不冠以西域二字，其号稍杀。故此简西域诸国王皆有此位号，疑自魏时已然矣。或以此简之晋守侍中大都尉与魏赐车师后王位号同，又下所举五王中无车师后王，疑此亦晋初车师后王之称，故此简之中实得六国。然魏时车师后王既受王印，则其号当云魏守侍中大都尉亲魏车师后部王，今但云晋守侍中大都尉，但举其所受中国官号，而不著其本国王号，必无此理。故曰，晋守侍中大都尉者，乃鄯善、焉耆、龟兹、疏勒、于阗王之公号也。奉晋大侯亦然。以国王而受晋侯封，故谓之大侯，以别于西域诸国之左右侯，亦犹大都尉之称，所以别于诸国之左右都尉也。亲晋某王者，亦当时诸国王之美称。案，汉时西域诸国王但称汉某国王，《汉书·西域传》云，西域最凡国五十，自译长至侯王皆佩汉印绶，凡三百七十六人。其印文虽无传者，然《匈奴传》云，汉赐单于印，言玺不言章，又无汉字，诸王已下乃有汉，言章。西域诸王虽君一国，然其土地人民尚不如匈奴诸王，则汉所赐印必云汉某某王章，无疑也。后汉之初，莎车王号尚冠以汉字，中叶以后，始有亲汉之称。《后书·西域传》，顺帝永建元年，班勇上八滑为后部亲

113

汉侯。然但为侯号而非王号，其王犹当称汉某某王也。惟建安中封鲜卑沙末汗为亲汉王，魏晋封拜皆袭此称，如《魏志·外国传》有亲魏倭王，古印章有亲晋羌王亲赵侯等是也。其官号上冠以魏晋字者，所以荣之，其王号上冠以亲魏、亲晋字而不直云魏晋者，所以示其非纯臣也。此简所举五国，西域长史所辖殆尽于此。案，西域内属诸国，前汉末分至五十，后汉又并为十余，至魏时仅存六七。《魏略》言且末小宛精绝楼兰（此谓楼兰城）皆并属鄯善，戎卢扜弥渠勒皮穴（《汉书》作皮山）皆属于阗，尉犁危须山王国皆并属焉耆，姑墨温宿尉头皆并属龟兹，桢中莎车竭石渠沙西夜依耐蒲犁億若榆令捐毒休脩（《汉书》作休循）琴国皆并属疏勒，且弥单桓毕陆（《汉书》作卑陆）蒲陆（《汉书》作蒲类）乌贪（《汉书》作乌贪訾离）诸国皆并属车师。此外汉时属都护诸国，惟乌孙尚存，仍岁朝贡，见于《魏志》。然乌孙国大地远，其事中国亦当与康居大月氏同科，自后汉以来盖已不属都护长史。则魏时西域内属诸国，仅上六国而已。右简所举又少车师一国，盖晋初车师后部当为鲜卑所役属。《魏志·鲜卑传》注引王沈《魏书》云，鲜卑西部西接乌孙。《晋书·武帝纪》，咸宁元年六月，西域戊己校尉马循讨

114

叛鲜卑破之。二年，鲜卑阿罗多等寇边，西域戊己校尉马循讨之。时鲜卑当据车师后部之地，故能西接乌孙，南侵戊己校尉治所矣。右简令诸国王写下诏书，而独不云车师王者，当由于此。然则晋初属西域长史诸国，惟鄯善、焉耆、龟兹、疏勒、于阗五国而已。此西域诸国之大势，得由右简知之者也。此简所出之地，当汉精绝国境，《后书》言后汉明帝时精绝为鄯善所并，而斯氏后十年在此地所得木简见于本书简牍遗文中者，其中称谓有大王有王有夫人，隶书精妙，似后汉桓灵间书。余前序中已疑精绝一国汉末复有独立之事，今此简中无精绝王，而诏书乃到此者，必自鄯善或于阗传写而来，可见精绝至晋初又为他国所并矣。自地理上言之，则精绝去于阗近，而去鄯善较远，自当并属于阗，而《魏略》则云并属鄯善，然无论何属，此时已无精绝国可知。此尼雅一地之沿革，得由右简知之也。二简所存者不及三十字，而足以裨益史事如此。然非知此二简为一书，亦不能有所弋获矣。

例五　吴大澂"文"字说

以上所举的几个例之外，尚有其他近来出土之直接史料，

115

足以凭藉着校正或补苴史传者。例如敦煌卷子中之杂件，颇有些是当时的笺帖杂记之类，或地方上的记载，这些真是最好的史料。即如《张氏勋德记》等，罗振玉氏据之以成《补唐书张义潮传》（丙寅稿第一叶至四叶）。可见史料的发见，足以促成史学之进步，而史学之进步，最赖史料之增加。不过这些文字，或太长，或太琐，不便举列，故今从阙。

近数十年来最发达的学问中，金文之研究是一个大端。因金文的时代与诸史不相涉（除《史记》一小部外），而是《诗》《书》的时代，所以金文之研究看来似只有裨于经学，然经学除其语言文字之部分外，即是史学智识。不过金文与《诗》《书》所记不相干者多，可以互补，可以互校文字文体之异同，而不易据以对勘史事。虽金文中有很多材料，可以增加我们对于古代史事知识，但，求到这些知识，每每须经过很细的工夫，然后寻出几件来。因此，关于金文学之精作虽多，而专于诗书时代史事作对勘之论文，还不曾有。此等发明，皆零零碎碎，散见各书中。现在且举吴大澂君文字说，以为一例。此虽一字之校定，然《大诰》究竟是谁的档案，可以凭此解决这个二千年的纷扰。《大诰》一类极重要的史料赖一字决定其地位，于此可见新发见的直接史料，对于遗传的间接史料，有莫大之补助也。

"文"字　书文侯之命，"追孝于前文人"。

116

《诗·江汉》告于文人。"《毛传》云:"文人,文德
之人也。"潍县陈寿卿编修介祺所藏兮仲钟云:"其
用追孝于皇考己伯,用侃喜前文人。"《积古斋钟鼎
彝器款识·追敦》云:"用追孝于前文人。"知"前
文人"三字为周时习见语。乃《大诰》误文为宁,
曰:"予曷其不于前宁人图功攸终。"曰:"予曷其
不于前宁人攸受休毕。"曰:"天亦惟休于前宁人。"
曰:"率宁人有指疆土。""前宁人"实"前文人"之
误。盖因古文文字有从心者,或作𡋹,或作�,或
又作𡘾。壁中古文《大诰》篇,其文字必与宁字相
似,汉儒遂误释为宁。其实《大诰》乃武王伐殷大
诰天下之文,宁王即文王,宁考即文考,"民献有
十夫",即武王之乱臣十人也。"宁王遗我大宝龟",
郑注"受命曰宁王",此不得其解而强为之说也。
既以宁考为武王,遂以《大诰》为成王之诰。不见
古器,不识真古,安知宁字为文之误哉?

以上所标五例,皆新发见的直接史料与自古相传的间接
史料相互勘补的工作。必于旧史史料有工夫,然后可以运用
新史料;必于新史料能了解,然后可以纠正旧史料。新史料
之发见与应用,实是史学进步的最要条件;然而但持新材料,
而与遗传者接不上气,亦每每是枉然。从此可知抱残守缺,

117

深固闭拒，不知扩充史料者，固是不可救药之妄人；而一味平地造起，不知积薪之势，相因然后可以居上者，亦难免于狂狷者之徒劳也。

第二节　官家的记载对民间的记载

官家记载和私家记载的互有短长处，也是不能一概而论的。大约官书的记载关于年月、官职、地理等等，有簿可查有籍可录者，每校私记为确实；而私家记载对于一件事的来源去脉，以及"内幕"，有些能说官书所不能说，或不敢说的。但这话也不能成定例，有时官书对于年月也很会错的，私书说的"内幕"更每每是胡说的。我们如想作一命题而无违例，或者可说，一些官家凑手的材料，及其范围内之记载，例如表、志、册子、簿录等，是官家的记载好些，而官家所不凑手或其范围所不容的材料，便只好靠私家了。不过这话仿佛像不说，因为好似一个"人者，人也"之循环论断，我们还是去说说他们彼此的短处罢。

官家的记载时而失之讳。这因为官家总是官家，官家的记载就是打官话。好比一个新闻记者，想直接向一位政府的秘书之类得到一个国家要害大事之内容，如何做得到？势必由间接的方法，然后可以风闻一二。

私家的记载时而失之诬。人的性情，对于事情，越不知

118

道越要猜，这些揣猜若为感情所驱使，便不知造出多少故事来。史学的正宗每每不喜欢小说。《晋书》以此致谤；《三国志注》以此见识。建文皇帝游云南事，明朝人谈得那样有名有姓，有声有色，而明史总只是虚提一笔。司马温公的《通鉴》虽采小说，究竟不过是藉着参考，断制多不从小说；而他采《赵飞燕外传》的"祸水"故事，反为严整的史家所讥。大约知道一件事内容者，每每因自己处境的关系不敢说，不愿说，而不知道者偏好说，于是时时免不了胡说。

论到官家记载之讳，则一切官修之史皆是好例，所修的本朝史尤其是好例。禅代之际，一切欺人孤儿寡妇的逆迹；剪伐之朝，一切凶残淫虐的暴举，在二十四史上那能看得出好多来呢。现在但举一例：满洲的人类原始神话，所谓天女朱果者，其本地风光的说法，必不合于汉族之礼化，于是汉士修满洲原始之史，不得不改来改去，于是全失本来的意义。[陈寅恪先生语我云：王静安在清宫时有老阉导之看坤宁宫中跳神处，幔后一图，女子皆裸体，而有一男老头子。此老阉云：宫中传说这老头子是卖豆腐的。此与所谓天女者当有若何关系。今如但看满洲祀天典礼，或但看今可见坤宁宫中之杀猪处，何以知跳神之礼，尚有此"内幕"耶？（犹之乎顺治太后下嫁摄政王，在清朝国史上是找不出一字来的。）其实此等事照满洲俗未可谓非，汉化亦未可谓是。史事之经过及其记载皆超于是非者也。（"Jenseits von Gut und Bose."）]

清朝人修的《太祖实录》，把此一段民间神话改了又改，越改越不像。一部二十四史经过这样手续者，何其多呢？现在把历史语言研究所所藏的稿本影印一叶以见史书成就的一个大手续——润色的即欺人的手续。

论到私书记载之诬，则一切小说稗史不厌其例。姑举两个关系最大谬的。元庚申帝如非元明宗之子，则元之宗室焉能任其居大汗之统者数十年，直到窜至漠北，尚能致远在云南之梁王守臣节？而《庚申外史》载其为宋降帝瀛国公之子，则其不实显然。这由于元代七八十年中汉人终不忘宋，故有此种循环报应之论。此举韩山童之建宋号，是同一感情所驱使的。又如明成祖，如果中国人是个崇拜英雄的民族，则他的丰功伟烈，确有可以崇拜处，他是中国惟一的皇帝能跑到漠北去打仗的。但中国人并不是个英雄崇拜的民族（这个心理有好有坏。约略说，难于组织，是其短处，难于上当，是其长处），而明成祖的行为又极不合儒家的伦理，而且把"大儒"方正学等屠杀的太惨酷了，于是明朝二百余年中，士人儒学没有诚心说成祖好的。于是乎为建文造了一些逊国说，为永乐造了一个"他是元朝后代的"的骂语（见《广阳杂记》等）。这话说来有两节，一是说永乐不是马后生，而是硕妃生，与周王同母，此是《国榷》等书的话。一是说硕妃为元顺帝之高丽姜，虏自燕京者，而成祖实为庚申帝之遗腹子。（此说吾前见于一笔记，一时不能举其名，待后查。）按硕妃不见明《后妃传》，然见《南京太常寺志》。且成祖与周王同母，隐见于《明史·黄子澄传》，此说当不诬妄。至其为元顺帝遗腹说，则断然与年代不合。成祖崩于永乐二十二年（1424），年六十五，其生年实为元顺帝至正二十年（1360）四月，去明兵入燕尚有十年（洪武元年为1368），冒填年龄不能冒填到十年。且成祖于洪武三年封燕王，十三年之藩。如为元顺帝遗腹子其母为掠自北平者，则封燕王时至多两岁，就藩北平时，至多十二岁；两岁封王固可，十二岁就藩则不可。以明太祖之为人，断无封敌子于胜国故都，新朝第一大藩之理。此等奇谈，只是世人造来泄愤的，而他人有同样之愤，则喜而传之（至于硕妃如为高丽人，或是成祖母，皆不足异。元末贵人多蓄高丽妾，明祖起兵多年，所虏宦家当不少也。惟断不能为庚申帝子耳）。所以《明史》不采这些胡说，不能因《明史》的稿本出自明遗臣，故为之讳也。《清史》稿出于自命为清遗臣者，亦直谓康熙之母为汉人辽东著姓佟氏也。

官府记载与野记之对勘工夫，最可以《通鉴考异》为例。此书本来是记各种史料对勘的工夫者，其唐五代诸卷，因民间的材料已多，故有不少是仿这样比较的。因此书直是一部史料整理的应用逻辑，习史学者必人手一编，故不须抄录。

第三节　本国的记载对外国的记载

本国的记载之对外国的记载，也是互有短长的，也是不能一概而论的。大致说起，外国或是外国人的记载总是靠不住的多。传闻既易失真，而外国人之了解性又每每差些，所以我们现在看西洋人作的论中国书，每每是隔靴搔痒，简直好笑，然而外国的记载也有他的好处，他更无所用其讳。承上文第二节说，我们可说，他比民间更民间。况且本国每每忽略最习见同时却是最要紧的事，而外国人则可以少此错误。譬如有一部外国书说，中国为蓝袍人的国（此是几十年前的话），这个日日见的事实，我们自己何尝感觉到呢？又譬如欧美时装女子的高跟鞋，实与中国妇女之缠足在心理及作用上无二致，然而这个道理我们看得明显，他们何尝自觉呢？小事如此，大者可知。一个人的自记是断不能客观的，一个民族的自记又何尝不然？本国人虽然能见其精细，然而外国人每每能见其纲领。显微镜固要紧，望远镜也要紧。测量精细固应在地面上，而一举得其概要，还是在空中便当些。这道理太明显，不必多说了。例也到处都是，且举一个很古的罢。

（《史记·大宛传》）自大宛以西至安息国，虽颇异言，然大同俗，相知言。其人皆深眼，多须髯。善市贾，争分铢。俗贵女子；女子所言而丈夫乃决正。

这不简直是我们现在所见的西洋人吗？（这些人本是希腊波斯与土人之混合种，而凭亚里山大之东征以携希腊文化至中亚者。）然而这些事实（一）深眼，（二）多须髯，（三）善市贾，（四）贵女子，由他们自己看来，都是理之当然，何必注意到呢？外国人有这个远视眼，所以虽马哥孛罗那样胡涂荒谬，乱七八糟的记载，仍不失为世上第一等史料；而没有语言学人类学发达的罗马，不失其能派出一个使臣答西涂斯（Tacitus）到日耳曼回来，写一部不可泯灭的史料（De Cermania）。

第四节　近人的记载对远人的记载

这两种记载相对是比较容易判别优劣的。除去有特别缘故者以外，远人的记载比不上近人的记载。因为事实只能愈传愈失真，不能愈传愈近真，譬如李心传的《建炎以来系年要录》，其中多有怪事，如记李易安之改嫁，辛稼轩之献谀，文人对此最不平，我也曾一时好事将此事记载查看过一回，觉得实在不能不为我们这两位文人抱冤。这都由于这位作者远在西蜀，虽曾一度参史局，究未曾亲身经验临安的政情文物：于是有文书可凭者尚有办法，其但凭口传者乃一塌糊涂了。这个情由不待举例而后明。

第五节　不经意的记载对经意的记载

　　记载时特别经意，固可使这记载信实，亦可使这记载格外不实，经意便难免于有作用，有作用便失史料之信实。即如韩退之的《平淮西碑》，所谓"点窜《尧典》《舜典》字，涂改《清庙》《生民》诗"者，总算经意了罢；然而用那样《诗》《书》的排场，那能记载出史实来？就史料论，简直比段成式所作的碑不如。不经意的记载，固有时因不经意而乱七八糟，轻重不忖，然也有时因此保存了些原史料，不曾受"修改"之劫。

　　例如《晋书》《宋史》，是大家以为诟病的。《晋书》中之小说，《宋史》中之紊乱，固是不可掩之事实；然而《晋书》却保存了些晋人的风气，《宋史》也保存了些宋人的传状。对于我们，每一书保存的原料越多越好，修理的越整齐越糟。反正二十四史都不合于近代史籍的要求的，我们要看的史料越生越好！然则此两书保存的生材料最多，可谓最好。《新五代史记》及《明史》是最能锻炼的，反而糟了。因为材料的原来面目被他的锻炼而消灭了。班固引时谚曰："有病不治，常得中医。"抄账式的修史，还不失为中医，因为虽未治病，亦未添病，欧阳《五代史记》的办法，乃真不了，因为乱下药，添了病。

第六节　本事对旁涉

　　本事对旁涉之一题，看来像是本事最要，旁涉则相干处少，然而有时候事实恰恰与此相反。因为本事经意，旁涉不经意，于是旁涉有时露马脚，而使我们觉得实在另是一回事，本事所记者反不相干矣。有时这样的旁涉是无意自露的，也有时是有意如此隐着而自旁流露个线索的，这事并不一样。也有许多既非无意自露，又非有意自旁流露，乃是考证家好作假设，疑神疑鬼弄出的疑案。天地间的史事，可以直接证明者较少，而史学家的好事无穷，于是求证不能直接证明的，于是有聪明的考证，笨伯的考证。聪明的考证不必是，而是的考证必不是笨伯的。

　　史学家应该最忌孤证，因为某个孤证若是来源有问题，岂不是全套议论都入了东洋大海吗？所以就旁涉中取孤证每每弄出"亡是公子""非有先生"来。然若旁涉中的证据不止一件，或者多了，也有很确切的事实发见。举一例：汉武帝是怎么样一个人，《史记》中是没有专篇的，因为"今上本纪"在西汉已亡了。然而就太史公东敲西击所叙，活活的一个司马迁的暴君显出来，这虽不必即是真的汉武帝，然司马子长心中的汉武帝却已藉此出来了。

125

第七节　直说与隐喻

我们可说，这只是上节本事对旁涉的一种；不过隐喻虽近旁涉，然究不可以为尽等于旁涉，故另写此一节。凡事之不便直说，而作者偏又不能忘情不说者，则用隐喻以暗示后人。有时后人神经过敏，多想了许多，这是常见的事。或者古人有意设一迷阵，以欺后人，而恶作剧，也是可能的事。这真是史学中最危险的地域呵！想明此例，且抄俞平伯先生《〈长恨歌〉及〈长恨歌传〉的传疑》一篇（抄全实太长，然不抄全无以明其趣）。

长恨歌及长恨歌传的传疑

尝读元人《秋夜梧桐雨》杂剧，写马嵬之变。玉环之尸被军马践踏，不复收葬，其言颇闪烁牵强。至洪昉思《长生殿》则以尸解了之，而改葬之时，便曰："惨凄凄一匡空墓，杳冥冥玉人何去！"两剧写至此处，均作曲笔。而《长生殿·雨梦》一折更有新说，惟托之于梦。其词曰："只为当日个乱军中祸殃惨遭，悄地向人丛里换妆隐逃，因此上流落久蓬飘。"而评者则曰："才情竭处忽生幻想，真有水穷山尽坐看云起之妙。"洪君此作自为文章狡狯，以波折弄姿，别无深意；但以予观之，此说殆得《长恨歌》及《长恨歌传》之本旨。兹述其所见于后，佐证缺少，难成定论，姑妄言之，姑忘听之，亦所不废乎？

若率意读之，《长恨歌》既已乏味，而传尤为蛇足。歌中平铺直叙，婉曲之思与凄艳之笔并少，视《琵琶行》《连昌宫词》且有逊色。至陈鸿作传，殆全与歌重复，似一言再言不嫌其多者然。其故殊难索解。夫以一代之名手抒写一代之剧迹，必有奇思壮采流布文坛，而今乃平庸拖沓如此，不称所期许，抑又何耶？

其间更有可注意者，马嵬之变，实为此故事之中心，玉环缢死，以后皆余文也。以今日吾人行文之法言之，则先排叙其宠盛，中出力写其惨苦，后更抒以感叹，或讽刺，如《长生殿弹词》之作法，称合作矣。而观此歌及传却全不如此，写至马嵬坡仅当全篇之半，此后则大叙特叙临邛道士，海山楼阁诸迹，皆子虚乌有之事耳，而言之凿凿焉。且以钗盒之重还与密誓之见诉，证方士之曾见太真。夫太真已死于马嵬，方士何得而见之？神仙之事，十九寓言，香山一老岂真信其实有耶？其不然明矣，明知其必不然，而故意以文实之，抑又何耶？

即此可窥歌传之本意，盖另有所在也。一篇必有其警策，如《琵琶行》以"同是天涯沦落人，相逢何必曾相识"为主意；《秦妇吟》以"一身苦兮何足嗟，山中更有千万家"为主意；独此篇之主旨，屡读之竟不可得。必不得已，只以"天长地久有时尽，此恨绵绵无绝期"当之。既以"长恨"名篇，此两语自当其点睛之笔，惟仅观乎此仍苦不明白，曰"此恨绵绵"，曰"长恨"，究何所恨耶？若以仓卒惨变为恨，则写至马嵬已足，何必假设临邛道士，玉妃太真耶？更何必假设分钗寄语诸艳迹耶？似马嵬之事不足为恨，而天人修阻为可恨者，抑又何耶？在《长恨歌传》之末曰："夫希代之事非遇出世之才润色之，则与时消没，不闻于世，乐天深于诗多于情者也，试为歌之，如何？乐天因为《长恨歌》，意者不但感其事，亦欲惩尤物，窒乱阶，垂于将来也。歌既成，使鸿传焉。世所不闻者，予非开元遗民不得知；世所知者，有《明皇本纪》在。今但传《长恨歌》云尔。"在此明点此歌之作意，主要是感事，次要是讽谏。夫事既非真，感人何为？则其间必明明有一事在焉，非寓言假托之匹；云将引为后人之大戒，则其事殆丑恶，非风流佳话也。乐天为有唐之诗史，所谓以出世之才记希代之事，岂以欣羡豪奢，描画燕昵为能事哉？遇其平铺直叙处俱不宜正看，所谓繁华，其淫纵也；所谓风流，其丑恶也。按而不断，其意自明。陈鸿作传，惟恐后人不明，故点破之。

至作传之故，在此亦已明言。若非甚珍奇之事，则只作一歌可矣，只作一传亦可矣，初不必作歌之传，屋上架屋，床上叠床也。使事虽珍奇而歌意能尽且易知者，则传虽不作亦可也。惟其两不然，此传之所以作也。可分三层述之：歌之作意，非传将不明，一也；事既隐曲，以散文叙述较为明白，二也；传奇之文体，其时正流行，便于传布，三也。其尤可注意者为"世所不闻者"以下数语，其意若曰当时之秘密，我未亲见亲闻，自不得知，若人人皆知，明皇贵妃之事，则载在正史，又不待我言，我只传《长恨歌》中所述这一段异文而已。总之，白陈二氏仅记其所闻，究竟是否真确，二君自言非开元遗民不得知，遑论今日我辈也？予亦只释《长恨歌》云尔，究竟歌中本意是否如此，亦无从取证他书，予只自述其所见云尔。

《长恨歌》立意于第一句已点明，所谓"汉皇重色思倾国"，是明皇不负杨妃，负国家耳。开门见山，断语老辣。至于叙述，若华清宫马嵬坡皆陪

129

衬之笔，因既载《明皇本纪》，为世所知，所感者必另有所在而非仅此等事，陈鸿之言本至明白。结语所谓"此恨绵绵"，标题所谓"长恨"，乃家国之恨，非仅明皇太真燕私之恨也。否则太真已仙去，而"天上人间会相见"，是有情之美满，何恨之有，何长恨之有？论其描画，叙繁华则近荒，记姝丽则近亵，非无雅笔也，乃故意贬斥耳。传所谓乐天深于诗，观此良确。综观此篇，其结构似疏而实密，似拙而实巧，其词笔似笨重而实空虚，其事迹似可喜而实可丑；家弦户诵已千年矣，而皆被古人瞒过了，至为可惜。

旁证缺乏，兹姑以本文明之。此篇起首四句即是史笔，"汉皇重色思倾国"，自取灭亡也。"杨家有女初长成，养在深闺人未识"，明明真人面前打谎语，史称开元二十三年冬十二月册寿王妃杨氏，至天宝四载秋七月册寿王妃韦氏，八月以杨太真为贵妃。太真为寿王妃十余年之久，始媵于明皇，乃曰"初长成""人未识"，非恶斥而何？若曰回护，则上讳尊者，正宜含胡掩饰，何必申申作反语哉？今既云云，则惟恐后人忽视耳。且其言与传意枘凿。传云："诏高力士潜搜外宫，得宏农杨元琰女于寿邸，既笄矣。"其中亦有曲笔，如不曰寿王妃而曰杨女，不曰既嫔而曰既笄，然外宫与深闺其不同亦甚矣。读者或以"宛转蛾眉"之句，疑玉环若未死于马嵬，则于文义为牴牾，请以此喻之，试观此二语，亦可如字解否？可知《长恨歌》中实有些微词曲笔，非由一二人之私见傅会而云然，以下所言始不病其穿凿。上半节铺排处均内含讽刺，人所习知，惟关系尚少。最先宜观其叙述马嵬之变，歌曰："六军不发无奈何，宛转蛾眉马前死。花钿委地无人收，翠翘金雀玉搔头。君王掩面救不得，回看血泪相和流。"传曰："上知不免而不忍见其死，反袂掩面，使牵之而去，苍黄展转，竟就绝于尺组之下。"其所叙述有两点相同，可注意：（1）传称不忍见其死，反袂掩面，使牵之去，是玉环之死，明皇未见也。歌中有"君王掩面"之言，是白陈二氏说同。（2）歌称"宛转蛾眉马前死"，即传之"苍黄展转竟就绝于尺组之下"也，宛转即展转，而传意尤明白，苍黄展转，似极其匆忙捣乱，而竟就绝于尺组之下者，与夫死于马前之娥眉，究竟是否贵妃，其孰知之哉？而明皇固掩面反袂未见其死也。歌中"花钿"句，似有微意，此二句就文法言，当云花钿、翠翘、金雀、玉搔头、委地无人收，诗中云云，叶律倒置耳，诸饰物狼藉满地，似人蝉脱而去者然。

131

《太真外传》云："妃之死日，马嵬媪得锦袎袜一只，相逢过客一玩百钱，前后获钱无数。"不特诸饰物纷堕，并锦袜亦失其一，岂不异哉？使如正史所记，命力士缢杀贵妃于佛堂，舆尸置驿庭，召玄礼等入观之，其境况殆不至如此也。

窃以为当时六军哗溃，玉环直被劫辱，挣扎委顿，故钗钿委地，锦袜脱落也。明皇则掩面反袂，有所不忍见，其为生为死，均不及知之。诗中明言"救不得"，则赐死之诏旨当时殆决无之。传言"使牵之而去"，大约牵之去则有之，使乎使乎？未可知也。后人每以马嵬事訾三郎之负玉环，冤矣。其人既杳，自不得不觅一替死鬼，于是"蛾眉"苦矣。既可上覆君王，又可下安六军，驿庭之尸俾众入观者，疑即此君也。或谓玄礼当识贵妃，何能指鹿为马？然玄礼既身预此变而又不能约束乱兵，则装聋做哑，含胡了局，亦在意中；故陈尸入视，即确有其事，亦不足破此说。至《太真外传》述其死状甚悉，乐史宋人，其说固后起，殆演正史而为之。

玉环以死闻，明皇自无力根究，至回銮改葬，始证实其未死。改葬之事，传中一字不提，歌中却说得明明白白："马嵬坡下泥土中，不见玉颜空死处。"夫仅言马嵬坡下不见玉颜，似通常凭吊口

132

气；今言泥土中不见玉颜，是尸竟乌有矣，可怪孰甚焉？后人求其说而不得，从而为之辞，曰肌肤消释（《太真外传》），曰乱军践踏，曰尸解（均见上），其实皆牵强不合。予谓《长恨歌》分两大段，自首至"东望都门信马归"为前段，自"归来池苑皆依旧"至尾为后段，而此两句实为前后段之大关键。觅尸既不得，则临邛道士之上天下地为题中应有之义矣。其实明皇密遣使者访问太真，临邛道士鸿都客则托辞耳；歌言"汉家天子使"，传言"使者"，可证此意。

观其访问之迹，又极其奇诡。传曰："方士乃竭其术以索之，不至；又能游神驭气，出天界，没地府以求之，不见；又旁求四虚上下，东极大海，跨蓬壶，见最高仙山上多楼阙，西厢下有洞户东向，阖其门，署曰玉妃太真院。"歌曰："排空驭气奔如电，升天入地求之遍。上穷碧落下黄泉，两处茫茫皆不见。忽闻海上有仙山，山在虚无缥缈间。楼阁玲珑五云起，其中绰约多仙子。中有一人字太真，雪肤花貌参差是。"最不可解者为碧落黄泉皆无踪迹，而乃得之海山，人死为鬼宜居黄泉，即诗人之笔不忍以绝代丽质付之沈沦，升之碧落可矣，奚必海山哉？且歌传之旨俱至明晰，传云旁求四虚，明

133

未曾升仙作鬼，仍居人间也；歌云两处茫茫皆不见，意亦正同；"忽闻"以下，尤可注意，自"海上有仙山"至"花貌参差是"，皆方士所闻也。使玉妃真居仙山，则孰见之而孰言之，孰言之而孰闻之耶？岂如《长生殿》所言天孙告杨通幽耶？夫马嵬坡下泥土中既失其尸矣，碧落黄泉既不得其魂魄矣，则羁身海山之太真，仙乎，鬼乎，人乎？明眼人必能辨之。且歌中此节，多狡狯语，"山在虚无缥缈间"，是言此亦人间一境耳，非必真有如此之海上仙山也。"其中绰约多仙子"，似群雌粥粥，太真盖非清净独居，唐之女道士院本迹近倡家，非佳语也。"中有一人字太真"，上甫云多仙子，而此偏曰中有一人，明明点出一"人"字；"雪肤花貌参差是"，是方士未去以前，且有人见太真矣。其境界如何，不难想见。

写方士之见太真，正值其睡起之时，传曰："碧衣云，玉妃方寝，请少待之。于是云海沉沉，洞天日晚，琼户重阖，悄然无声。方士屏息敛足拱手门下，久之而碧衣延入。"歌曰："闻道汉家天子使，九华帐里梦魂惊。揽衣推枕起徘徊，珠箔银屏迤逦开。云鬘半偏新睡觉，花冠不整下堂来。"依传言，方士待之良久；依歌言，玉妃起得极仓皇，既曰"梦魂惊"，而"云鬘""花冠"两句又似钗横鬓乱矣，其间有无弦外微音，不敢妄说。

　　传为传奇体，小说家言或非信史，虽陈鸿是史家，而白氏之歌行实诗史之巨擘，若所闻非实，又有关碍本朝，乌得而妄记耶？至少，宜信白氏之确有所闻，而所闻又惬合乎情理；否则，于尚论古人有所难通。吾辈既谓方士觅魂之说为非全然无稽，则可进一步考察其曾见杨妃与否；因使觅杨妃是一事，而觅着与否又是一事。依歌传所描写，委宛详尽明画如斯，似真见杨妃矣，然姑置不论。方士（姑以方士名之）持回之铁证有二：一为钿盒金钗，二为天宝十载密誓之语。夫钗盒或可偷盗拾取（近人有以"翠钿委地"句为钗盒之来原，亦未必然），而密誓殊难臆造。观传曰："夜殆半，休侍卫于东西厢，独侍上，上凭肩而立，因仰天感牛女事，密相誓心，愿世世为夫妇……此独君王知之耳。"歌曰："七月七日长生殿，夜半无人私语时。"曰"独侍"，曰"凭肩"，曰"无人私语"，是非方士所能窃听也。窃听既不得，臆造又不能，是方士确已见太真也。钿盒金钗人间之物，今携之而返，是且于人世见太真也。至于"天上人间会相见"，则以空言结再生之缘耳，正如玉溪生所云"海外徒闻更九州，他生未卜此生休"，非有其他深意。"昭阳殿里恩爱绝，

135

蓬莱宫中日月长"，明谓生离，不谓死别，况太真以贵妃之尊乃不免风尘之劫，贻闺壶之玷，可恨孰甚焉？故结之曰"天长地久有时尽，此恨绵绵无绝期"，言其耻辱终古不泯也。否则，马嵬之变，死一妇人耳，以长恨名篇，果何谓耶？

明皇知太真之在人间而不能收覆水，史乘之事势甚明，不成问题。况传曰："使者还奏太上皇，皇心震悼，日日不豫，其年夏四月南宫晏驾"。是明皇所闻本非佳讯，即卒于是年（肃宗宝应元年），而太真之死或且后于明皇也。按依章实斋氏所考，则其时太真亦一媪矣，而犹摇曳风情如此，亦异闻矣。吾以为其人大似清末之赛金花，而《彩云曲》实《长恨歌》之嫡系也。惟此等说法，大有焚琴煮鹤之诮耳。

爬梳本文，实颇明白而鲜疑滞，惟缺旁证为可憾耳。杜少陵之《哀江头》亦传太真事，曰："明眸皓齿今何在？血污游魂归不得。清渭东流剑阁深，去住彼此无消息。"曰去住，曰彼此，不知何指。若以此说解之，则上二句疑其已死，下二句又疑其或未死，两说并存欤？惟旧注以上指妃子游魂，下指明皇幸蜀，其说亦可通，故不宜曲为比附，取作佐证。且此事隐秘，事后渐流布于世，若乐天时闻

136

之，在少陵时未必即有所闻也。他日如于其他记载续有所得，更当补订，以成信说。

今日仅有本文之直证，而无他书之旁证，只可传疑，未能取信。要之，当年之实事如何是一事，所传闻如何另是一事；故即使以此新说解释《长恨歌传》十分圆满，亦不过自圆其说而已，至多亦不过揣得作歌传之本旨而已（即此已颇夸大）。若求当年之秘事，则当以陈鸿语答之曰："世所不闻者，予非开元遗民不得知。"

（附记一）明皇与肃宗先后卒于同年，肃宗先病而明皇之卒甚骤，疑李辅国惧其复辟而弑之，观史称辅国猜忌明皇，逼迁之于西内，流放高力士，不无蛛丝马迹。唐人亦有疑之者，韦绚《戎幕闲谈》曰："时肃宗大渐，辅国专朝，意西内之复有变故也。"此事与清季德宗西后之卒极相似。亦珍闻也。

（附记二）又宋王铚《默记》："元献（晏元献）因为僚属言唐小说：唐玄宗为上皇迁西内，李辅国令刺客夜携铁槌击其脑，玄宗卧未起，中其脑，皆作磬声，上皇惊谓刺者曰：'我固知命尽于汝手，然叶法善劝我服玉，今我脑骨皆成玉，且法善劝我服金丹，今有丹在首，固自难死，汝可破脑取丹，我乃可死矣。'刺客如其言，取丹乃死。"孙光宪《续通录》云："玄宗将死云：'上帝命我作孔升真人.'爆然有声，视之崩矣，亦微意也。"此亦可与上节参看。

十六年十一月十五日（留）

这是一篇很聪明的文章——对不对却另是一回事——同时也是一篇很自知分际的文章。此文末节所说甚诚实，我们生在百千年以后，要体会百千年以前的曲喻，只可以玩弄聪明，却不可以补苴信史也。

第八节　口说的史料对著文的史料

此一对当，自表面看来，我们自然觉得口说无凭，文书有证，其优劣之判别像是很简单的。然而事实亦不尽然。笔记小说虽是著于文字的材料，然性质实在是口说，所以口说与著文之对当在此范围内，即等于上文第二节所论列，现在不须再说，但说专凭口说传下来的史料。

专凭口说传下来的史料，在一切民族的初级多有之。《国语》（《左传》一部分材料在内）之来源即是口说的史料，若干战国子家所记的故事多属此类。但中国的文化，自汉魏以来，有若干方面以文字为中心。故文字之记载被人看重，口说的流传不能广远；而历代新兴的民间传说，亦概因未得文人为之记录而失遗。宫帷遗闻，朝野杂事，每不能凭口说传于数十年之后，反观古昔无文字之民族，每有巫祝一特殊阶级，以口说传史料，竟能经数百年，未甚失其原样子者（《旧约》书之大部分由于口传，后世乃以之著史）。故祝史所用之语，每非当时之普通语言，而是早若干时期之语言。此等口传的史料，每每将年代、世系、地域弄得乱七八糟，然亦有很精要的史事为之保留。转为文书史料所不逮。汉籍中之《蒙古源流》，即其显例也。

古代及中世之欧洲民族所有之口传史料，因文化之振兴及基督教之扩张而亡遗，独其成为神话作为诗歌者，以其文学之价值而得幸存，然已非纯粹之口传史事矣。近代工业文明尤是扫荡此等口传文学与史事者，幸百年之前，德俄诸国已有学者从事搜集，故东欧西亚之此等文学与史料，尚藉此著于文字者不少，而伊兰高加索斯拉夫封建之故事，民族之遗迹，颇有取资于此，以成今日史事知识者焉。

《史记》研究

《史记》研究参考品类

　　《史记》一部书之值得研究处，大致可分为四个意义。第一，《史记》是读古书治古学的门径，我们读汉武帝以前之遗文，没有一书不用把他来作参考。他自己既是一部金声玉振的集大成书，又是一部很有别择力的书，更是一部能够多见阙疑，并存异说的书，且是汉武帝时代的一部书，还没有被着后来治古文学者一套的"向壁虚造"之空气，虽然为刘子骏等改了又改，确已引行了很多"向壁虚造"去，究竟因矛盾可见其增改，又已早为刘申受等所识破。在恰好的时代，以壮大的才力，写了这一部集合他当年所及见一切书的书，在现在竟作了我们治古学之入门了。第二，《史记》研究可以为治古书之训练，将《史记》和经传子籍参校，可以做出许多有意义的工夫。且《史记》一书为后人补了又补，改了又改，因此出了许多考证学的问题，拿来试作若干，引人深思远想。第三，太史公既有大综合力，以整齐异说，又有独到的创见，文词星历，综于一人，《八书》《货殖》诸传之作，竟合近代史体，非希腊

143

罗马史学家所能比拟，所以在史学上建树一个不朽的华表，在文词上留给后人一个伟壮的制作，为《史记》研究《史记》，也真值得。第四，《史记》作于汉武时，记事迄于天汉（考详后）。武帝时代正是中国文化史政治史上一个极重要的时代，有他这一部书，为当年若干事作含讥带讽的证据，我们藉得不少知识。

然而《史记》不是容易研究的书，所有困难，大概可以别为三类：第一，太史公书百三十篇，当他生时本未必已写定本，"既死后，其书稍出，宣帝时，迁外孙平通侯杨恽祖述其书，遂宣布焉"，而恽又遭戮，同产弃市。其后褚少孙等若干人补之，刘歆等若干人改之，杨终等删之，至于唐时，已经无数转改，现在竟成古籍中最紊乱者。第二，太史公所据之书，现在无不成问题者，《世本》已佚，《战国策》是否原本，吴挚甫对之成一有价值之设论，《尚书》则今文各篇，现在惟凭附伪孔传而行，而《左氏春秋》尤成莫大之纠纷，今只有互校互订，以长时间，略寻出若干端绪。第三，《史记》一书之整理，需用若干专门知识，如语言学、天文学等，必取资以考《春秋左氏》者，亦即是《史记》一书之问题，不仅辨章史事，考订章句而已。虽然工作之趣，在与困难奋斗时，不在怡然理顺之后，《史记》研究既有此价值，则冒此困难，毕竟值得。

144

如果想以一人之力，成《史记》之考订，是办不到的。幸而近代二百年中，学者对于《史记》中大节细事，解决不少，提议的问题尤多，如能集合之加以整理，益以新观点，所得已经不少。又《八书》中若干事，及《匈奴》《大宛》诸传之考实，巴黎沙万君于翻译时增甚多考释，极为有价值，而今古学之争，自刘逢禄至崔适，虽不免合着甚多"非尝异议，可怪之论"，究竟已经寻出好多东西来，这都是我们的凭藉，且他地尚有若干学者，我们可以通函询问。我们第一步自然是把《史记》从头到尾细读一遍，这是我们设这一课的第一个目的。第二步是找出若干问题，大家分别研究去。第三步，如果大家长期努力，或将《史记》一书中若干头绪，整理出不少来，共同写成一书。也是一番事业。

司马子长生世第一

《史记·太史公自序》　　因每人须备《史记》一部，故不抄录。

《汉书·司马迁传》　　仅录班氏抄完自序以后之文。

《魏志·王肃传》录一段

王国维《太史公行年考》 按自乾嘉时，孔氏庄氏以来之今文说，王氏俱不采。此等今文说诚有极可笑者，然亦有不可易者。王君既挟此成见，则论《史记》宜有所蔽，如"从孔安国问故""十岁读古文"等，为之空证纷纭矣。

老子申韩列传第三

老子者

《礼记》曾子问郑注，"老聃者古寿考者之号也，与孔子同时"。老非氏非地，寿考者皆可称之，如今北方称"老头子"。儋、聃、老莱子，三名混而为一，恐正由此称之不为专名。

楚苦县厉乡曲仁里人也。

苦县之名始于何时，不可知。苦邑未必始于秦汉，然苦县之名容是秦灭楚为郡后改从秦制者也。楚称九县，仍是大名，郡县未分小大（郡即君之邑，七国时关东亦封君，楚初称公如叶公，后亦称君，如春申君。至于县是否六国亦用之，待考。汉人书固有叙六国地称县者，然汉人每以当时之称称古，未可即据也。后来秦置守尉，郡存而君亡矣。郡县"悬附之义"乃封建之词，而后来竟成与封建相对之制）。苦在汉属淮阳，淮阳时为国，时为郡。东汉改为陈郡，盖故陈地也（见《汉书·地理志》陈分野节）。《史记·十二诸侯年表》，敬王四十一年，即鲁哀公十六年，楚惠王十年，陈潜

147

公二十三年，楚灭陈，其年孔子卒。故如老子是楚人，则老子乃战国人，不当与孔子同时，老子如与孔子同时，乃苦之老子，非楚人也。又汉人称楚每括故楚诸郡，不专指彭城等七县，太史公盖以汉之楚称加诸春秋末战国初人耳。

姓李氏

案姓氏之别，在春秋末未泯，战国末始大乱，说详顾亭林《原姓》篇，《论世本》一节中当详引之。太史公心中是叙说一春秋末人，而曰姓某氏，盖姓氏之别，战国汉儒多未察，太史公有所谓轩辕氏高阳氏者，自近儒考证学之精辨衡之，疏陋多矣（《论语》称夏曰夏后氏，称殷曰殷人，盖殷虽失王，有宋存焉，夏则无一线绍述之国，杞一别支而已，必当时列国大夫族氏中有自称出自夏后者，遂有夏后氏之称，"固与"夏氏甚不同义。如顾氏所考，王室国君均有姓无氏也）。

名耳，字伯阳，谥曰聃。

《史记·志疑》二十七，"案：老子是号，生即皓然，故号老子（见三国葛孝先《道德经序》），耳其名（《神仙传》名重耳），聃其字（《吕览·不二》《重言》两篇作老耽），非字伯阳。字而曰谥者，读若王褒赋谥为洞箫之谥，非谥法也（说在《孟尝君传》）。盖伯阳父乃周幽王大夫，见《国语》，不得以老子当之。又《墨子·所染》《吕氏春秋·当染》并称舜染于许由伯阳，则别一人，并非幽王时之伯阳

148

父。乃高诱注吕，于《当染》篇以伯阳为老子，舜师之（《吕·本意》篇，尧舜得伯阳续耳也）；而于《重言》篇以老耽为论三川竭之伯阳，孔子师之（《周纪集解》引唐固亦云，伯阳甫老子也）；岂不谬哉？但《索隐》本作名耳字聃，无‘伯阳谥曰’四字，与《后书·桓纪延熹八年注》引史合。并引许慎云，聃，耳曼也，故名耳，字聃，有本字伯阳，非正。老子号伯阳父，此传不称，则是后人惑于神仙家之传会，妄窜史文。《隶释老子铭》《神仙传》《抱朴子·杂应》《唐书宗室表》《通志氏族略四》《路史后纪七》并仍其误耳。《至路史》载老子初名元禄（注谓出集真录），《酉阳玉格》言老子具三十六号，七十二名，又有九名，俱属荒怪，儒者所不道”。案：梁说是也，惟谓老子生即皓然，恐仍是魏晋以来神仙家之说，陆德明亦采此，盖唐代尊老子，此说在当时为定论矣。

孔子适周，将问礼于老子。

《孔子世家》云，“鲁南宫敬叔言鲁君曰，请与孔子适周，鲁君与之一乘车两马一竖子，俱适周，问礼，盖见老子云。辞去，而老子送之，曰‘吾闻富贵者送人以财，仁人者送人以言。吾不能富贵，窃仁人之号，送子以言，曰，聪明深察而近于死者，好议人者也，博辩广大危其身者，发人之恶者也，为人子者毋以有己，为人臣者毋以有己’”。与此处所叙绝异。此盖道家绌儒学之言，彼乃儒家自认之说，故分存之也。孔子见老子否，说详后。

至关，关令尹喜曰："子将隐矣，强为我著书。"

关尹老聃：《庄子·天下》篇并称之，盖一派也。其书在《汉志》所著录者久佚，今传本乃唐宋所为，宋濂以来，辩之已详。

莫知其所终。

此为后来化胡诸说所依据，太史公如此言，彼时道家已杂神仙矣（《淮南子》一书可见）。

或曰：老莱子亦楚人也。

《庄子·外物》篇举孔子问礼事，即明称老莱了。

以其修道而养寿也。

黄老之学，原在阴谋术数及无为之论，杂神仙后始有此说。

自孔子死之后百二十九年，而史记周太史儋见秦献公。

此事见《周本纪》烈王二年，及《秦本纪》献公十一年，上溯孔子卒于敬王四十一年，为百有六年，与百二十九年之数不合。"故与秦国合"，谓西周时秦马蕃息汧渭间也。"离"，谓东周迁也。"离五百岁而复合"谓秦灭周也。"合七十岁而霸王者出"，霸王当指秦皇，然赧王之世，秦皇乃生，西周灭后至秦皇立，恰十年，非七十年。此说在《史记》四见，《周纪》《秦纪》《封禅书》《老子传》，或作十七，或作七十，或作七十七。无论如何算，皆不合。恐实是十岁，两七字皆

150

衍，或则谶语本不可确切求之也。

此所谓《史记》当是秦史记，彼时秦早有王天下之心，故箕子抱祭器适周之说，有拟之者矣。

或曰，儋即老子，或曰非也，世莫知其然否。老子，隐君子也。

子长时，老子传说必极复杂矛盾，子长能存疑，不能自决（《孔子弟子列传》亦书两老子为孔子所严事者，此外尚有迈伯玉、晏平仲、孟公绰、长弘、师襄，又是后人增之者。子长此处但凭书所记者列举之，正无考核及伦次也）。世之学老子者则绌儒学，儒学亦绌老子。

老子儒学之争，文景武世最烈。辕固生几以致死（见《儒林传》），武帝初年窦婴、田蚡、王绾皆以儒术为窦太后所罢。及武帝实秉政，用公孙宏、董仲舒言，黄老微矣。谈先黄老而后六经，迁则儒家，然述父学，故于老氏儒家之上下但以道不同不相为谋了之耳。

与梁惠王、齐宣王同时。

如此则亦孟子同时人。

然其要本归于老子之言。

老庄不同，《天下》篇自言之。阴谋术数之学，庄书中俱无之，庄书中有敷衍道德五千言之旨者，亦有直引五千言中文句者（如"故曰鱼不可脱于渊，国之利器不可以示人"），然庄书不纯，不能遽以此实其为老子之学也。子长之时，庄

151

非显学，传其书者，恐须托黄、老以自重，故子长所见多为比附老氏者。

作《渔父》《盗跖》《胠箧》，以诋訿孔子之徒，以明老子之术。《畏累虚》《亢桑子》之属，皆空语，无事实。

今本《庄子》，西晋人向秀所注，郭象窃之，附以《秋水》诸篇之注，而题为郭象注者（见《晋书》）。此本以外者，今并不存，但有甚少类书等所引可辑耳。子长所举诸篇，在今本《庄子》中居外篇杂篇之列，而子长当时竟特举之，盖今本《庄子》乃魏晋间人观念所定，太史公时，老氏绌儒学，儒学绌老氏，故此数篇独重。司马贞云，"按，庄子，畏累虚，篇名也，即老聃弟子畏累"。今本无此篇，仅庚桑楚云，老聃之役有庚桑楚者，遍得老聃之道以北居畏累之山。此与司马子正所见不合矣。是子正犹及见与向郭注本不同之庄子也。

京人也。

《左传》隐元年，"请京，使居之，谓之京城大叔"，或申子郑之京人也。

本于黄、老，而主刑名。

黄、老一说，恐汉初始有之，孟子论杨、墨，《庄子·天下》篇、《韩非·显学》篇，以及《吕览》，均不及此词。盖申实刑名之学，汉世述之者自附于黄、老，故子长见其原于道德之意。

而其本归于黄、老。

如可据今本《韩子论》，韩子乃归于阴谋权数之黄、老耳。

人或传其书，至秦，秦王见《孤愤》《五蠹》之书，曰："嗟乎，寡人得见此人，与之游，死不恨矣。"

此所记恰与子长《报任少卿书》所云"韩非囚秦，《说难》《孤愤》"相悖，彼是，此必非。今本《五蠹》《孤愤》《说难》等篇，皆无囚秦之迹可指，大约《报任少卿书》所云正亦子长发愤之词耳（《吕览》成书，悬金国门，决非迁蜀后事）。

申子卑卑。

言其专致综核名实之小数也。

皆原于道德之意。

刻薄寡恩，而皆原于道德之意，此甚可思之辞也。道德一词，儒用之为积极名词，道用之为中性名词。故儒不谈凶德，而道谈盗者之道。韩文公云，道与德为虚位，仁与义为定名，此非儒者说，五千文中之说耳。刑名此附于道德五千言，《韩子书》中亦存《解老》《喻老》，虽"其极惨礉"，仍是开端于五千文中。故曰，皆原于道德之意。

按《老子申韩列传》，在唐以宗老子故，将老子一节升在伯夷上，为列传第一，今存宋刻本犹有如此者。此至可笑之举，唐之先世是否出于陇西，实未明辽，在北周时，固用

153

胡姓大野矣，而自托所宗于老子。当时人笑之者已多，所谓圣祖玄元皇帝，诚滑稽之甚。

黄、老刑名相关处甚多，故老、庄、申、韩同传。三邹子比傅儒家言，而齐之方士又称诵习孔子之业（《始皇本纪》扶苏语），故三邹与孟、荀同传，亦以稷下同地故也。

十篇有录无书说叙

　　《汉书·司马迁传》云："十篇缺，有录无书。"张晏曰："迁没之后，亡《景纪》《武纪》《礼书》《乐书》《兵书》《汉兴以来将相年表》《日者列传》《三王世家》《龟策列传》《傅靳列传》。元成之间，褚先生补缺，作《武帝纪》《三王世家》《龟策日者列传》，言辞鄙陋，非迁本意也。"又十篇有录无书说，亦见于《汉艺文志》。东汉人引《史记》，无与此相反者。卫宏汉《旧仪注》云："太史公作《暴帝纪》，极言其短，及武帝过，武帝怒而削去。"《魏志·王肃传》云："帝（明帝）又问，司马迁以受刑之故，内怀隐切，著《史记》，非贬孝武，令人切齿。对曰，司马迁记事不虚美，不隐恶，刘向、扬雄称其善叙事，有良史之材，谓之实录。汉武帝闻其述《史记》，取孝景及己本纪览之，于是大怒，削而投之，于今此两纪有录无书。后遭李陵事，遂下蚕室。此为隐切在孝武而不在于史迁也。"按，卫宏所记，每多虚妄（如谓太史公位在丞相上），明帝之语，有类小说，固不可遽信，然必东汉魏人不见《景纪》，然后可作此说，否则纵好游谈，亦安得无所附丽乎？子长没后三百年中，十篇缺亡，一旦徐广裴骃竟得之，在赵宋以后，刻板盛行，此例犹少，在汉魏之世，书由绢帛，藏多在官，亡逸更易，重见实难，三百年中一代宗师所不见，帝王中秘所不睹，而徐裴独获之于三百年后，无是理也。故十篇无书之说，实不可破，而张晏所举，《景纪》外固无疑问，《景纪》之亡，则卫说王传皆证人也。今本十篇之续貂俱在，清儒多因而不信张晏说，即《史记志疑》之作者梁君，几将《史记》全书三分之二认为改补矣，反独以《景纪》《傅传》为不亡，是其疏也。今试分述十篇续貂之原，以疏张晏之论。

《景纪》《景纪》之亡，有《卫书·王传》为证，无可疑者。然梁君曰："此纪之文，亦有详于汉书者，如三年徙济北王以下五王，五年徙广川王为赵王，六年封中尉赵绾为建陵侯，至梁楚二王皆薨，班书皆无之，则非取彼以补也。盖此纪实未亡尔。"不知此类多过《汉书》之处，皆别见《史记》《汉兴以来诸侯表》《惠景间侯者表》中，记载偶有出入，然彼长此短，若更据《汉书》各表、各传以校之，恐今本《史记》无一句之来历不明也。补书有工拙，此书之补固工于礼乐诸书，然十篇之补不出一人，讵可以彼之拙，遂谓工者非补书耶？且张晏举补者之名，仅及一纪一世家二传，未云其他有补文，则此十篇今本非出于一手甚明矣。

《武纪》 此书全抄《封禅书》，题目亦与《自叙》不合。

太史公未必及见世宗之卒，而称其谥，此为其伪不待辩也。钱大昕《考异》云，"余谓少孙补史，皆取史公所缺，意虽浅近，词无雷同，未有移甲以当乙者也，或魏晋以后，少孙补篇亦亡，乡里妄人取此以足其数耳"。

《汉兴以来将相年表》　梁云，"案，《表》云，孝景元年置司徒官，不知哀帝始改丞相为大司徒，光武去大乃称司徒，孝景时安得有此官（此说自清官本始），又述事至孝成鸿嘉元年，殆自表其非材妄续耶"？按，梁说是也。此篇当是据《汉书·百官公卿表》所记，参以《太史公自叙》，"国有贤相良将，民之师表也。维见《汉兴以来将相名臣年表》，贤者记其治，不贤者彰其事，作《汉兴以来将相名臣年表第十》"。诸语敷衍而成者。其中竟有大事记，作表有此，本纪何为者？（又《国除削爵亡卒》，在他表均不倒文，在此篇独倒，明其为后人所为也。）

《礼书》《乐书》《礼书》抄自《荀子礼论》，《乐书》抄自乐记，篇前均有太史公曰一长段，容可疑此书仅存一叙，然《礼》《乐》两书之叙，体裁既与《封禅》等书不合，且其中实无深义，皆摹仿太史公文以成之敷衍语。即如《乐书》之叙，开头即是摹十二诸侯表叙语，然彼则可缘以得鲁诗之遗，此则泛泛若无所谓。是此两叙皆就《汉书·礼乐志》中之故实，摹子长之文意，而为之；今如将此两篇与诸表之叙校，即见彼多深刻之言，存汉初年儒者之说，此则敷衍其词，

157

若无底然，亦无遗说存乎其中，更将此两篇与《汉礼乐志》校，又宜见其取材所自也。

《兵书》 今本目中题律书，然就自叙所述之意论之，固为《兵书》也，今本乃竟专谈律，又称道"闻疑"，强引孙吴，以合自叙，愈见其不知类。此篇初论兵家，次论阴阳，末述律吕，杂乱无比。汉魏入《乐书》不存，惜不能就其所据之材料而校核之也。张晏称之曰《兵书》，盖及见旧本，《颜书》据今本《律书》驳之，不看自序文义，疏误之甚。

《三王世家》《三王世家》之来源，褚先生自说之，其文云："臣幸得以文学为侍郎……而解说之。"

乃今本《三王世家》竟有太史公曰一段，且谓燕齐之事无足采者，为此伪者真不通之至。子长著书之时，三王年少，无世可纪，无事可录，故但取其策文，今乃曰其事无足采者，是真不知子长为何时人，三王当何年封矣（三王当元狩六年封）。

此篇"王夫人者"以下，不知又是何人所补，然此实是汉世掌故及传说之混合，与礼乐诸书有意作伪者不同也。

《日者列传》 此书之补，褚先生曰以下者，应在先，司马季主一长段，又就褚少孙所标之目，采合占家之游谈，以足之者也。此篇中并引《老子》《庄子》于一处，而所谓庄子者不见今《庄子》书，意者此段之加，在晋初，彼时老庄已成一切清谈所托，而向郭定本《庄子》犹未及行耶？

158

《龟策列传》 此亦刺取杂占卜者之辞为之，"褚先生曰"以下，当是旧补（但直接"褚先生曰"数句颇疑割裂），其前一大段，及记宋之王事，又是敷衍成文，刺取传说以成此篇未缺之形式者，应为后来所补。《日者》《龟策》两篇文词鄙陋，张晏、司马贞俱言之。

《傅靳列传》 此全抄《汉书》者，末敷衍毫无意义之替以实之。稍多于《汉书》处，为封爵，然此均见《史记》《汉书》诸表者。周傅高祖十二年以继为蒯成侯，在击陈豨前，然击豨在十年，《汉书》不倒，抄者误也。

综上以观，褚先生之补并非作伪，特欲足成子长之书，故所述者实是材料及事实之补充，且明题褚曰，以为识别。若此诸篇之"太史公曰……"者，乃实作伪之文，或非张晏所及见。补之与作伪不可不别也。褚补《史记》不只此数篇，然他处补者尚有子长原文，褚更足之，此数篇中有录无书，故补文自成一篇，张晏遂但举此也。故此十篇中有褚补者，有非褚补者，非褚补者乃若作伪然，或竟是晋人所为，盖上不见于张晏，下得入于裴书耳。伪书颇有一种重要用处，即可据以校古书。有时近本以流传而有讹谬，伪书所取尚保存旧面目者，据以互校，当有所得矣。

论《太史公书》之卓越

　　《太史公书》之文辞，是绝大创作，当无异论。虽方望溪姚姬传辈，以所谓桐城义法解之，但识碔砆，竟忘和璧，不免大煞风景，然而子长文辞究不能为此种陋说所掩。今不谈文学，但谈史学，子长之为奇才，有三端焉：一、整齐殊国纪年。此虽有《春秋》为之前驱，然彼仍是一国之史，若列国所记，则各于其党，"欲一观诸要难"（《十二诸侯表》中语）。年代学 Chronology 乃近代史学之大贡献，古代列国并立，纪年全不统一，子长独感其难，以为十二诸侯六国各表，此史学之绝大创作也。我国人习于纪年精详之史，不感觉此功之大，若一察希腊年代学未经近代人整理以前之状态，或目下印度史之年代问题，然后知是表之作，实史学思想之大成熟也。二、作为八书。八书今亡三篇，张晏已明言之，此外恐尚有亡佚者，即可信诸篇亦若未经杀青之功。然著史及于人事之外，至于文化之中礼、乐、兵、历、天官、封禅、河渠、平准，各为一书，斯真睹史学之全、人文之大体矣。且所记皆涉汉政（天官除外），并非承袭前人，亦非诵称《书》《传》，若班氏所为者，其在欧洲，至十九世纪始有如此规模之史学家也。凡上两事，皆使吾人感觉子长创作力之大，及其对于史学观念之真（重年代学括文化史），希腊罗马史家断然不到如此境界。皆缘子长并非守文之儒、章句之家，游踪遍九域，且是入世之人，又其职业在天官，故明习历谱，洞彻人文。子长不下帷而成玮著，孟坚但诵书而流迂拘，材之高下固有别矣。三、"疑疑亦信"。能言夏礼，杞不足征，能言殷礼，宋不足征，文献不足，阙文尚焉，若能多见阙疑，慎言其余，斯为达也。子长于古代事每并举异说，不雅驯者不取，有不同者并存之，其在老子传云，"或曰，儋即老子，或曰非也，世莫知其然否，老子隐君子也"，或疑其胸无伦类，其实不知宜为不知，后人据不充之材料，作逾分之断定，岂所论于史学乎？子长盖犹及史之阙文也，今亡矣夫！

论司马子长非古史学乃今史学家

　　孟坚叙子长所取材，曰："司马迁据《左氏》《国语》，采《世本》《战国策》，述楚汉春秋，接其后事，讫于天汉。其言秦汉详矣。至于采经摭传，分散数家之事，甚多疏略，或有牴牾。"此言论也。子长实非古史家，采取《诗》《书》，并无心得。其纪五帝三代事，但求折中六艺耳，故不雅驯者不及，然因仍师说，不闻断制，恐谯周且笑之矣。《史记》记事，入春秋而差丰，及战国而较详，至汉而成其烂然者矣。其取《国语》，固甚有别择，非一往抄写。《战国策》原本今不见，今本恐是宋人补辑者（吴汝纶始为此说），故不能据以校其取舍。楚汉《春秋》止记秦楚汉之际，子长采之之外，补益必多，项刘两纪所载，陆贾敢如是揶揄刘季乎？今核其所记汉事，诚与记秦前事判若两书，前则"疏略牴牾"，后则"文直事核"矣。彼自谓迄于获麟止（元狩元年），而三王之封，固在元狩六年，已列之世家，是孟坚以《史记》迄于天汉之说差合事实。其记汉事，"不虚美，不隐恶"，固已愈后愈详，亦复愈后愈见其别择与文采。若八书之作，子长

162

最伟大处所在，所记亦汉事也。又子长问故当朝，游迹遍九域，故者未及详考，新者乃以行旅多得传闻。以调查为史，亦今史之方，非古史之术。盖耳闻之古史，只是神话，耳闻之近事，乃可据以考核耳。

图书在版编目（CIP）数据

战国子家叙论；史学方法导论；史记研究 / 傅斯年著 . —上海：上海
三联书店，2017.3
ISBN 978-7-5426-5692-6

Ⅰ. ①战… Ⅱ. ①傅… Ⅲ. ①先秦哲学－研究 ②史学－ 方法论－
中国 ③《史记》－研究 Ⅳ. ① B220.5 ② K207 ③ K204.2

中国版本图书馆 CIP 数据核字（2016）第 217349 号

战国子家叙论 史学方法导论 史记研究

著　　者 / 傅斯年
总 策 划 / 贺鹏飞
责任编辑 / 陈启甸
特约编辑 / 王　辉
装帧设计 / Metis 灵动视线
　　　　　 TEL.010-85983457
监　　制 / 李　敏
出版发行 / 上海三联书店
　　　　　（201199）中国上海市都市路 4855 号 2 座 10 楼
　　　　　 http：//www.sjpc1932.com
印　　刷 / 北京诚信伟业印刷有限公司
版　　次 / 2017 年 3 月第 1 版
印　　次 / 2017 年 3 月第 1 次印刷
开　　本 / 960×640　　1/16
字　　数 / 100 千字
印　　张 / 10.75

ISBN　978-7-5426-5692-6/K・402

定　价：30.80元